Sabine Arndt & Petra Kriegel

Wenn Tiere ihren Körper verlassen

Sterbebegleitung für Tiere

Aquamarin Verlag

Deutsche Originalausgabe
2. Auflage 2018

Voglherd 1 • D-85567 Grafing
www.aquamarin-verlag.de

Umschlagkonzeption: Guter Punkt, München
Umschlaggestaltung: Annette Wagner
unter Verwendung von 1549119 © Sara Robinson – shutterstock.com
und 1841251 © Michelle Milano– shutterstock.com
Druck: CPI • Birkach

ISBN 978-3-89427-626-3

Ich bin nicht tot, ich tausche nur die Räume
Ich leb in euch und geh durch eure Träume

– Michelangelo –

Inhalt

Zum Geleit

Das Thema Tod und Sterben erfüllt uns alle mit vielen irrationalen Ängsten und lässt jeden Menschen seine individuelle Verdrängungs-Taktik entwickeln. Die Lektüre dieses Buches war für mich selbst eine sehr lohnende Erfahrung. Der Bitte der beiden von mir sehr geschätzten Autorinnen, das Thema Euthanasie aus der Sicht einer ganzheitlich arbeitenden Tierärztin darzustellen, komme ich gerne nach.

Das Thema Euthanasie ist nicht nur für Privatpersonen ein sehr emotionsgeladenes, sondern auch in der täglichen Praxis muss man sich immer wieder neu damit auseinandersetzen. Unter den Tierbesitzern gibt es die Rat suchenden, die eine wirkliche Beratung durch den Tierarzt möchten; die Besitz ergreifenden, die ihr Tier um jeden Preis am Leben erhalten wollen und nie einschläfern lassen würden; und es gibt die gleichgültigen, die mit dem Wunsch in die Praxis kommen, ihr Tier aus den teilweise haarsträubendsten Gründen einschläfern zu lassen.

Vom Tierarzt wird eine klare Aussage darüber erwartet, ob das Leben eines Tieres noch lebenswert ist oder ob es sich quält. Aber kann man eine solche Entscheidung allein anhand klinischer Parameter treffen?

Wann ist ein Tier selbst bereit zu gehen?

Jeder Tierarzt kennt die Situation, wenn bei einem euthanasierten Tier erst nach Verabreichung einer vielfachen Menge dessen, was eigentlich nötig sein sollte und nach einer unverhältnismäßig langen Zeit der Tod festgestellt werden kann.

Andere Patienten, deren Krankheitsbild nicht dramatischer erscheint als das der eben beschriebenen, schlafen friedlich ein, kaum das die Injektion beendet ist.

Im §17 des Tierschutzgesetzes heißt es sinngemäß: Die Tötung eines Tieres ist verboten, sofern kein „vernünftiger“ Grund vorliegt.

Aber was ist ein vernünftiger Grund?

Bestimmt nicht das hohe Alter eines Patienten allein, der keine gravierenden Beschwerden hat.

Zum Beispiel im Sportpferdebereich werden Beeinträchtigungen der Leistungsfähigkeit als Grund für eine Euthanasie angegeben, obwohl das betreffende Tier beschwerdefrei sein Leben auf einer Weide in „Rente“ verbringen könnte.

Als Tierarzt muss man die Entscheidung für oder gegen eine Euthanasie nach bestem Wissen und Gewissen allein zum Wohl des Tieres treffen.

Oft genug ist von uns Tierärzten Mut gefragt, Nein zu sagen zu einer vom Besitzer gewünschten Euthanasie, auch wenn der als Nächster konsultierte Kollege die Lage eventuell anders beurteilt und dem Wunsch der Besitzer nachkommt.

Ich würde mir wünschen, dass viele Tierbesitzer nach der Lektüre dieses Buches ihre Einstellung zum Leben mit einem Haustier und speziell den Umgang mit dessen Sterben überdenken.

Dem unvermeidlichen Sterben des eigenen Tieres als Besitzer so bewusst zu begegnen, ist eine wirklich mutige Tat und wird vom betroffenen Tier mit Sicherheit als das verstanden, was es ist, der Beweis wahrer Zuneigung.

Dr. Maleen Schaumburg
Tierärztin, Homöopathie

Vorwort

Als wir begannen, dieses Buch zu schreiben, ahnten wir noch nicht, dass wir jemanden an unserer Seite haben würden, der uns dabei unterstützte. Wir hatten erst einmal nur den einen Wunsch: Das Thema Sterben und Tod aus natürlicher Sicht so vielen Menschen wie möglich – egal ob mit oder ohne Tier – zugänglich zu machen.

Ziemlich genau zu dem Zeitpunkt, als wir mit diesem Buchprojekt begannen, startete mein Kater Henry, seines Zeichens ein silbergrauer Perserkater von, laut eigener Aussage, erlesener Gestalt und Schönheit, sein persönliches Projekt, nämlich seinen Sterbeweg. Wenn wir nicht so denken würden, wie wir nun einmal denken, wäre uns sicher der Gedanke: „Was für ein Zufall" gekommen. Da wir aber nicht an Zufälle, dafür aber an Fügungen glauben, wissen wir, dass wir einen Berater an unserer Seite hatten, der dafür gesorgt hat, dass die Inhalte unseres Buches geradezu aus erster Hand bzw. Pfote stammen. Dieses Buch hatte gleichsam einen kätzischen Ghostwriter, der im Hintergrund saß und die Fäden spann. So ist dieses Buch nicht nur ein Ratgeber für Menschen, die etwas über das Sterben und den Tod von Tieren erfahren möchten, sondern es ist auch ein ganz klein wenig „Henrys Geschichte".

Menschen, die noch nicht erfahren durften, wie lehr- und hilfreich ein Tier seinen Menschen zur Seite stehen kann, werden vielleicht nicht nachvollziehen können, was uns widerfahren ist. Wir aber sind mehr als dankbar dafür, dass Henry uns in (s)einer ganz speziellen Weise unterstützt und begleitet hat.

Schon vor über einem Jahr zeigte Henry das erste Mal Anzeichen dafür, dass er sich auf die große Reise begeben hatte, hin zu dem Weg, der über die Regenbogenbrücke ins Land der Seelen führt. Damals begannen wir einen gemeinsamen Weg, der ihn in eine neue Dimension und uns zu vielen neuen Erkenntnissen führte, die wir in diesem Buch festgehalten haben. Es war, als ob er uns immer und immer wieder in aller Ausführlichkeit zeigen wollte, was während des Sterbens geschieht. Auf diese Art und Weise geführt, konnten wir gewiss sein, dass alles, was wir niederschrieben, aus dem Leben stammte, auch wenn Sterben das Thema war. Er wollte uns vor allem zeigen, dass nichts sicher ist: Nicht der Zeitpunkt des Todes und schon gar nicht das Leben.

Seine Botschaft könnte auch gelautet haben: „Genießt das Leben in vollen Zügen, jede Sekunde, jede Minute. Nichts, was ihr versäumt, kommt zurück. Seid immer vorbereitet. Wenn ihr auf den Tod vorbereitet seid, seid ihr es noch viel mehr auf das Leben. Leben und Tod sind eins und immer für eine Überraschung gut." Gut gebrüllt, Kater.

Nun war es allerdings nicht so, dass uns von Anfang an klar war, dass sein Weg auch der unsere war. Häufig versteht man den vollständigen Sinn einer Geschichte ja erst an ihrem Ende. Auch hier mussten wir erst zum Ende kommen, um zu erkennen und zu verstehen, welches Geschenk er uns gemacht hatte. Aber hinterher ist man ja bekanntlich immer klüger...

Wie Sie im Laufe der Lektüre dieses Buches erfahren werden, vollzieht sich das Sterben in unterschiedlichen Phasen. Nicht immer führt es auch in den Tod, wenn man sich in einer Sterbephase befindet. Als Henry vor langer Zeit das erste Mal durch die Sterbephasen wandelte, war nicht ersichtlich, ob sein Weg in den Tod oder zurück ins Leben führen würde. Aber er machte mir deutlich, dass ich mit allem rechnen musste. So durfte ich all das tun und am eigenen Leib erfahren, was ich meinen Patienten immer sage und rate, wenn ihre Tiere sich auf dem Sterbeweg befinden. Das war eine ganz wichtige Erfahrung für mich, denn nur das, was man selbst erlebt hat und erfahren durfte, kann man auch mit ganzem Herzen weitergeben. Nur wenn man den anderen in seinem Schmerz versteht, seine Hoffnung oder auch Hoffnungslosigkeit nachvollziehen kann und weiß, wie er empfindet, kann man sich vollständig auf ihn einlassen und ihm eine helfende Hand reichen.

Wir fingen also an, Dinge zu klären. Elisabeth Kübler-Ross hat es in ihren Büchern immer „die unerledigten Geschäfte" genannt. Dinge eben, die man als selbstverständlich hinnimmt im Zusammenleben mit anderen oder die man jahrelang vor sich her schiebt. Dinge, die man nie gesagt oder getan hat, aber schon immer sagen oder tun wollte. Die Dinge, die ich zu klären begann, betrafen sowohl mein eigenes Leben als auch Henry und mich. Ich nahm ausführlich Abschied von ihm, bedankte mich auf vielerlei Weisen und wünschte ihm alles erdenklich Gute für seinen Weg. Ich machte auf diese Art und Weise den Weg frei für ihn. Einem Sterbenden dabei zu helfen, den Weg zu ebnen, bedeutet gleichzeitig immer auch, den eigenen Weg neu zu erkennen. Alle Dinge, die ich anging, wäre ich – zumindest zum damaligen Zeitpunkt – ohne Henrys „Unterstützung" nicht angegangen. Viele liebe Menschen waren dabei an meiner Seite, um mir und Henry zu helfen. Ich habe gute Wünsche, Ratschläge und Tipps bekommen, und ich war und bin für jeden einzelnen davon dankbar. Sehr zur Überraschung für uns alle erholte sich Henry und traf den Entschluss, noch eine Weile bei uns zu bleiben. Die Freude war groß.

Die Kapitel zu diesem Buch wuchsen und gediehen, und nach einer gewissen Zeit war es so weit, dass ich eine weitere Lektion von Henry erhielt. Er zeigte wieder Anzeichen, die darauf hindeuteten, dass er sterben würde. Diesmal waren die Zeichen noch deutlicher als beim ersten Mal. Wieder bekam Henry alles, was nötig ist, um in Frieden gehen zu können. Ich ließ mich vollkommen darauf ein und bereitete Henry und mich auf seinen Weg vor, den er, nachdem alles erledigt war, erneut verließ, um noch einmal ins Leben zurückzukehren.

So sehr wir uns jedes Mal freuten, dass Henry bei uns blieb, so sehr wunderten wir uns aber auch, warum er den letzten, endgültigen Schritt nicht ging. Wollte er ihn nicht gehen? Konnte er ihn nicht gehen? War es einfach noch nicht so weit? Woran lag es? Ich machte mir viele Gedanken und bekam von Henry dankenswerterweise viele Hinweise, wie ich ihm – und mir – helfen könne. Er schickte mir diverse Botschaften. Tiere tun das sehr oft, aber leider werden diese Botschaften und Hinweise oft übersehen oder nicht verstanden. Henrys Botschaften jedoch fielen auf fruchtbaren Boden. Als Erstes wollte Henry seine Aufgabe – er war immer der Hüter und Beschützer der anderen Katzen gewesen – auf jemand anderen übertragen. Diese vermeintliche Last abzugeben, brachte ihm große Erleichterung und Freiraum für Neues und war offensichtlich der erste Schritt hin zu seinem letzten Wegabschnitt. Alle Zeichen deuteten darauf hin, dass er noch etwas zu erledigen hatte. Was, das wusste damals nur er selbst. Erst nach seinem Tod haben wir erkannt, dass er als Co-Autor für dieses Buch fungiert hatte, ohne dass wir es bemerkten. Ohne ihn wäre dieses Buch sicher nicht das, was es ist. Wir wissen heute, dass er uns, die wir glaubten, schon so viel zu wissen, durch seinen Sterbeprozess, der immer wiederkehrte, den er uns immer wieder präsentierte, sehr viel lehrte.

Ich hatte das Glück, drei Wochen vor Henrys Tod eine Kommunikation mit ihm zu führen, die sehr aufschlussreich war. Er schickte mir zu Beginn der Botschaft viel Licht und Liebe, so dass mir wieder einmal bewusst wurde, dass unsere Tiere nicht nur liebevolle Begleiter sind, sondern sehr viel mehr zu geben haben. Dann sagte er zu mir: „Wir sind auf dem Weg, endlich. Auf einem guten Weg. Liebe ist dazugekommen, Vertrauen und Verständnis. Ich kann meine Vergangenheit endlich loslassen und ganz da sein. Ich bin ein anderer geworden in der letzten Zeit. Weiser und gütiger. Ich könnte mir auch vorstellen, neue Aufgaben zu übernehmen. Aber das überlege ich mir noch in Ruhe. Gehe Du Deinen Weg weiter. Lasse Dich führen und vertraue. Du hast starke Wesen an Deiner Seite. Keine Angst, alles wird gut. Auch für uns. Sei immer wieder einmal ganz bei mir. Spüre mich und sei Dir gewahr, wer ich wirklich bin. Denke immer daran, dass es mich gibt und meine Liebe zu Dir weiter wächst. Jetzt hat sie den Raum dazu."

Ich weiß nicht, was genau dazu geführt hat, dass Henry und ich endlich zu dem Punkt kamen, an dem er mir diese Worte übermitteln konnte. Aber ich war froh, sie zu hören. An seinen Tod dachte ich damals jedoch nicht. Das Naheliegende wird mitunter gerne verdrängt. Zu oft schon hatte Henry den Sterbeweg betreten und wieder verlassen. So freute ich mich über seine Worte und seine Liebe, die eine neue Dimension erreicht hatte.

Eine Woche vor seinem Tod begann Henrys Appetit nachzulassen. Wieder einmal zeigte er deutliche Zeichen, auf dem Sterbeweg zu sein. Ich nahm die Zeichen wahr, aber ich war trotzdem nicht übermäßig besorgt. Davon abgesehen, dass ich jeden Weg, den er gehen wollte, akzeptieren würde, wusste ich auch, dass alles möglich ist. Auch wenn der Weg – wieder einmal– nach Sterben aussah, kann er doch ins Leben zurückführen. Ich sah nach einigen Tagen in seinen Augen, dass das diesmal nicht der Fall sein würde. Sie vermittelten mir das Gefühl, dass er bereits in die andere Dimension schauen konnte. Als er sich am Vorabend seines Todes in die Windphase begab (Laut dem Tibetischen Totenbuch ist das die Phase, in der das Element Feuer in das Element Luft übergeht. Sie kann von den unterschiedlichen Atemphänomenen begleitet werden.) und unsere Katze Feli ihn lange und tief ansah, wusste ich Bescheid. Henry war endlich so weit. Er würde gehen. Mit diesem Wissen wollte ich noch einmal mit ihm kommunizieren, ihn fragen, was ich noch für ihn tun könne; sichergehen, dass ich nichts an ihm versäumte. Nachdem ich Kontakt mit Henry aufgenommen hatte, zeigte er mir einen Berg und sagte, dass er ihn nun bis zum Ende besteigen werde. Er ließ mich wissen, dass es diesmal endgültig sei. Alles war getan, seine Aufgabe sei beendet.

Dieses Buch, an dem Sabine und ich so lange geschrieben hatten, stand kurz vor der Fertigstellung. Wir feilten noch an einigen Ecken und Enden. Genau in diesem Moment, in dieser Situation ging Henry und schenkte uns zum Abschied sein Sterben. Das Erleben dieses Sterbens vermittelte uns noch so viele Erkenntnisse, dass ich kaum nachkam, sie alle aufzuschreiben. Doch auf einmal war alles ganz klar. Sabine und ich haben dieses Buch mit ganzem Herzen geschrieben, dennoch wissen wir jetzt, dass es nicht unser alleiniges Verdienst ist.

Ich habe versucht mir vorzustellen, was Henry wohl zu der ganzen Geschichte, zum Ablauf des Geschehens, das Teil seines Lebens war, sagen würde. Dabei kamen mir spontan die folgenden Worte in den Sinn:

„Keiner geht seinen Weg alleine; dass ich bei euch sein durfte, war nicht nur ein Geschenk für mich, sondern auch für euch. Ich habe euch auf meine Weise geholfen. Ich bin meinen Weg gegangen und habe meine Aufgabe gelebt. Dadurch, dass ich bei euch war, war es auch euer Weg und eure Aufgabe. Dass ich so sein und so leben durfte, wie es mir am besten gefiel, war euer Geschenk an mich. Daher war mein Geschenk an euch, dass ich in guten wie in schlechten Tagen an eurer Seite ging. Unser Leben war ein gegenseitiges Geben und Nehmen. Keiner nahm mehr, als er durfte. Jeder gab mit vollem Herzen. Daher konnte geschehen, was geschehen sollte. Es fiel mir immer leicht, ganz ich selbst zu sein und meine Aufgaben bei euch zu erledigen, auch wenn sie oftmals schwer waren. Ich war immer ein Teil von allem, so wie es sein soll. Ich war immer akzeptiert. Ich war bei euch zu Hause. Auch jetzt, wo ich nicht mehr bei euch bin, bin ich wieder zu Hause. Der Weg dorthin war die Prüfung für uns alle. Wir haben uns dieser Prüfung gestellt und sie mit Bravour bestanden. Wie diese Prüfung ausfällt und wie der Weg zu gehen ist, ist für jeden anders. Ich war derjenige, der meinen Weg bestimmen durfte, und ihr wart diejenigen, die sämtliche Wegbiegungen und Abzweigungen akzeptiert haben. Unser gemeinsamer Weg führte durch Höhen und Tiefen. Aber dadurch, dass wir ihn gemeinsam gingen, war er immer von der Sonne beschienen. Er war holprig und eben zugleich. Er führte durch Schluchten und über Bergpässe; und obwohl er teilweise steil und gefährlich war, waren wir niemals gefährdet. Denn wir – ich und ihr – hatten immer und allzeit etwas, das man benötigt, um sich in jeder Situation und an jedem Ort sicher und geborgen zu fühlen – Gottvertrauen. So konnte ich, durch euer Vertrauen in mich und in die Natur aller Dinge, in Frieden dorthin gelangen, wo der Ursprung von allem ist und wo wir alle zu Hause sind. Danke."

Nichts zu danken, Henry. Wir haben Dir zu danken, was wir hiermit aus ganzem Herzen tun.

Wir widmen dieses Buch Henry, einem zu Lebzeiten fröhlichen Kater von – wie bereits erwähnt – erlesener Gestalt und Schönheit, der durch seine Freundlichkeit, Fröhlichkeit, Offenheit gegenüber allem Neuen und seiner Unvoreingenommenheit gegenüber jedem Lebewesen ein Vorbild für uns war und uns in vielerlei Hinsicht inspiriert hat.

Henry wird Sie durch dieses Buch begleiten. Alles, was Sie lesen, ist beseelt von Henrys Atem und von seinem Wirken – und es spiegelt sein Leben wider. Jedes Kapitel ist mit geprägt von den Erlebnissen während seiner Sterbereise bis hin zu seinem Tod.

Petra Kriegel

Einleitung

Was hat uns bewogen, dieses Buch zu schreiben?

Die praktische Arbeit hat uns mehr oder weniger ganz nebenbei an das Thema herangeführt. Nachdem wir unsere Ausbildung zur Tierheilpraktikerin abgeschlossen hatten, stellten wir uns vor, möglichst alle unsere Patienten heilen zu können. Es dauerte nicht sehr lange, bis wir zu der Erkenntnis gelangten, dass die Realität oft anders aussieht.

Wir erkannten, dass nicht der Therapeut, sondern immer nur der Patient selbst sich heilen kann. Therapeuten können dem Patienten – in unserem Fall dem Tier – immer nur Angebote machen. Damit geben wir ihm Impulse, die es in die Lage versetzen, aus sich selbst heraus wieder heil zu werden. Das Tier entscheidet aber ganz allein, ob es diese Angebote annimmt oder nicht. Nimmt es die Angebote jedoch nicht an und die Behandlung zeigt keine spürbare Besserung, dann vielleicht auch deshalb, weil der richtige Weg für das Tier ein ganz anderer ist.

Tiere sind beseelte und damit auch selbstbestimmte Wesen. Dadurch darf man ihnen die Verantwortung für ihr Leben auch übertragen. Wir gehen einen Schritt weiter und sagen, man *muss* es sogar tun. Das Tier entscheidet selbst, ob es in diesem Leben wieder heil wird, seine Krankheit, aus welchen Gründen auch immer, behält oder ob es letztlich durch das Erleben seines Sterbeprozesses eine andere Art von Heilung erlangt.

Aus diesen Erfahrungen heraus haben wir uns dem Thema Tod und Sterben gewidmet – dem großen Tabu-Thema unserer Gesellschaft. So lange wie irgend möglich wird es verdrängt und oft erst dann, wenn es unausweichlich und ganz präsent ist, wird notgedrungen begonnen, sich dem Thema zu stellen. Vielen Menschen gelingt es aber selbst dann noch nicht.

Indem wir Tiere zu unseren Weggefährten gemacht haben, geben wir uns selbst die Gelegenheit, uns schon früh mit dem Thema Sterben und Tod zu befassen. Alleine durch die kürzere Lebensspanne unserer Tiere ist klar, dass sie vermutlich vor uns gehen werden. Wenn es gelingt, sich auf diese sicher nicht leichte Situation einzulassen und das Tier in seinem Sterbeprozess zu begleiten, dann können auch wir dabei sehr viel für uns lernen. Dem Tier zollen wir dadurch gleichzeitig die Achtung, die es verdient.

Ist das Tier dann wirklich todkrank, entsteht häufig große Unsicherheit. Das Nichtwissen, was richtig und gut für das Tier ist, wird schnell übermächtig. Die Befürchtung, das Tier könne leiden, bringt Menschen oft dazu, vorschnelle Entscheidungen für das Tier zu treffen. Niemand möchte sein Tier leidend wissen, doch nicht selten ist das wirkliche Problem ein ganz anderes. Oft kann der Mensch selbst sein eigenes Leid nicht ertragen, das er empfindet, wenn sein Tier im Sterben liegt. In dieser Situation werden Tiere leider oft euthanasiert.

Inzwischen wird Euthanasie auch dann schon zum Thema, wenn klar ist, dass ein Tier nicht mehr gesund werden wird. Hier wird ihm dann schnell unterstellt, es habe keine Lebensqualität mehr.

Es ist wichtig zu wissen, dass wir Tiere durch die Euthanasie um eine ganz wichtige Erfahrung berauben, nämlich die, den Sterbeprozess zu durchleben. Wir meinen, dass der Sterbeprozess einen immens wichtigen Abschnitt im Leben darstellt. Er trägt ein großes Potenzial zur Weiterentwicklung in sich; denn wie die Geburt in dieses Leben, ist er ein ganz natürlicher Vorgang und bedeutet nur die Geburt in ein anderes, noch unbekanntes Dasein. Tieren ist diese Tatsache sicher bewusst, denn in der Regel haben sie kein Problem mit dem Sterben und mit dem Tod.

In diesem Buch haben wir unsere Erfahrungen, die wir inzwischen mit dem Sterben und Tod von vielen Haustieren machen durften, zusammengetragen.

Das Unbekannte ist das, wovor sich die meisten Menschen fürchten. Wir wünschen uns, dass es uns gelingt, die Vorgänge, die beim Sterben ablaufen, so zu beschreiben, dass das große Unbekannte ein Stück weit bekannt wird, um dadurch dem Tod wenigstens etwas den Schrecken zu nehmen. Wir behaupten nicht, dass es leicht sein wird; aber wir wissen, dass jedem eine große Chance geboten wird, wenn er sein Tier beim Sterben begleitet.

Eigentlich ist uns doch allen bekannt, dass wir alle, auch unsere Tiere, nur eine begrenzte Zeit hier sind und nicht ewig leben – zumindest nicht in der Existenz, in der wir uns jetzt befinden.

1.

Für wen ist dieses Buch geeignet?

Dieses Buch ist für alle Menschen gedacht, die bereit sind, neue Wege zu gehen, wenn es um das Sterben ihres Tieres geht. Das ist nicht immer einfach, denn mit den großen Tabu-Themen Sterben und Tod werden viele Menschen allein gelassen. Es ist sehr schwer, offen über dieses Thema zu sprechen, so dass ein „normaler“ Umgang damit fast unmöglich scheint. In unserer Gesellschaft hat sich in Sachen Sterben in den letzten Jahrzehnten ein Verdrängungsmechanismus entwickelt, der einerseits das Thema unter den Teppich kehrt, nach dem Motto: „Bloß nicht darüber sprechen.“ Gerade so, als ob das, worüber nicht gesprochen wird, dadurch nicht existiert. Andererseits etablierte sich ein Totenkult, der teilweise schon groteske Formen annimmt.

Da die meisten Haustiere eine geringere Lebenserwartung haben als ihre Menschen, ist das Thema Sterben in der Beziehung Mensch/Tier unausweichlich. Trotzdem wird auch dieses wichtige Thema nur oberflächlich behandelt. Der Weg, der Mensch und Tier Leid ersparen soll, die Euthanasie, hat sich im Bereich der Haustierhaltung fast schon zur „Standardlösung“ entwickelt. Dieser scheinbar saubere Weg ist aber nichts anderes als ein weiterer Versuch, sich nicht mit dem Sterben auseinandersetzen zu müssen. Der vermeintlich gut gemeinte Hintergrund, nämlich dem Tier Leiden ersparen zu wollen, ist zum einen aus der generellen eigenen menschlichen Angst vor dem Sterben entstanden. Gleichzeitig steckt aber auch der Wunsch der Medizin dahinter, die Kontrolle nicht nur im Leben, sondern auch im Sterben zu behalten.

Wir möchten mit diesem Buch die Uhr wieder ein wenig zurückdrehen, bis zu dem Punkt, wo Sterben noch ganz natürlich zum Kreislauf des Lebens dazugehörte. Es ist in unseren Augen kein Rückschritt, sondern vielmehr ein großer, aber notwendiger Schritt nach vorne. Es scheint uns keine gute Lösung zu sein, dass Tiere die Angst des Menschen vor dem Sterben und dem Tod sehr oft durch ihre Euthanasie gewissermaßen ausgleichen müssen. Sie ist nicht fair gegenüber den Tieren, und in der Folge schadet sich jeder nur selbst. So wie auch die vielen Tiermediziner, die ständig in ungesunder Weise mit dem Thema Sterben umgehen müssen, darunter leiden. Alles, womit wir in ungesunder Weise umgehen, alles, was wir verdrängen, kommt als sehr viel größerer Schatten wieder zu uns zurück. Dieses Buch möchte aber nicht grundsätzlich die Euthanasie verdammen, sondern sie an einen anderen Platz stellen. Wo sich dieser Platz befindet, werden wir im Kapitel „Euthanasie, der leichte Tod" ausführen.

Wir vertreten die Ansicht, dass sich jeder mit dem Thema Sterben und Tod beschäftigen sollte. Er erweist sich selbst damit den allergrößten Gefallen. Nur wer bereit ist, etwas über das Sterben und den Tod zu erfahren, weiß, worum es überhaupt geht und ist entsprechend vorbereitet. Es lohnt in jedem Fall, sich mit der Situation – der jeder auf dieser Welt unabwendbar begegnen wird – auseinanderzusetzen. Das Sterben ist, nach der Geburt, der wichtigste Vorgang im Leben eines jeden Menschen. Wir würden uns wünschen, dass dieses zentrale Thema endlich den Stellenwert erhält, den es aufgrund seiner Wichtigkeit verdient.

Wir empfehlen dieses Buch jedem Menschen – egal ob Tierbesitzer oder nicht – der offen dafür ist und lernen möchte, wie wichtig es ist, schon im Leben einen Blick in Richtung des *Regenbogens* zu werfen. Dieser *Regenbogen* steht als Synonym für die Brücke, die ins Jenseits führt. Zudem ist dieses Buch auch für alle Tierbesitzer geeignet, die sich bereits in Zeiten, in denen der Tod noch weit entfernt scheint, mit der Thematik beschäftigen möchten. Besonders für die Tierbesitzer unter Ihnen, deren Wunsch es ist, nicht nur im Leben, sondern auch im Sterben an der Seite ihres Tieres zu sein.

Dieses Buch möchte Hilfestellungen für alle Phasen bieten, die im Sterben auf den Tierbesitzer zukommen können. Es führt, angefangen bei einer neuen Sichtweise von Gesundheit und Krankheit, bis hin zum Thema der Trauerverarbeitung, die den Abschluss des Sterbeweges darstellt, durch alle Phasen, die einem beim Sterben seines Tieres begegnen können. Wir möchten mit diesem Buch mithelfen zu erkennen, was beim Sterben vorgeht, so dass jeder, wenn sein Tier irgendwann an diesen Punkt gelangt, eine Vorstellung davon hat, was auf ihn zukommen kann. Es soll deutlich gemacht werden, dass der Sterbeprozess ein Weg ist, der dazugehört und unausweichlich ist. Es ist nie die Frage, wie komme ich um den Tod meines Tieres – und natürlich um meinen eigenen Tod – herum, sondern immer nur, wie bereite ich mich auf den Tod meines Tieres vor und wie gehe ich mit ihm um, wenn er mir begegnet.

Dieses Buch bietet nicht nur demjenigen eine Hilfestellung, der sich bereits mit dem Thema befasst hat, sondern vor allem auch jenem Tierbesitzer, der sich noch nicht an das Thema herangewagt hat, aber offen dafür ist und den Mut hat, entgegen der gängigen Vorgehensweise, das Tier seinen ganz individuellen Sterbeweg beschreiten zu lassen. Es ist unser Wunsch, dass jeder Tierbesitzer durch dieses Buch in die Lage versetzt wird, den Sterbeprozess seines Tieres zu nutzen, um einerseits sein Tier in Liebe durch diese wichtige Phase zu begleiten und andererseits von ihm zu lernen und dadurch vielleicht sogar eigenes Wachstum zu erfahren. Denn die Tiere sind, genau wie dies bei sterbenden Kindern oft der Fall ist, sehr gute Lehrer, nicht nur im Leben, sondern besonders dann, wenn es um das Sterben geht.

Auch die wichtige Frage, was nach dem Tod geschieht, versuchen wir zu beleuchten und möchten aufzeigen, dass der Tod, so wie er allzu oft gesehen wird, nämlich als Ende, nicht existiert. Wir möchten ihn als Neuanfang verstanden wissen. So wie alles in der Natur wächst, gedeiht, vergeht und wieder von neuem wächst, so sind auch Mensch und Tier in diesen ewigen Kreislauf von Werden und Vergehen unausweichlich eingebunden. Auch die geliebten Haustiere gehen, wenn sie gestorben sind, durch eine Tür in einen neuen Raum und damit in eine andere Art des Daseins. Zu dieser Erkenntnis zu verhelfen, ist uns ein großes Anliegen.

Nicht nur für die Sterbephasen, sondern auch für den Umgang mit dem verstorbenen Tier und die Zeit der Trauer bieten wir Hilfe und Tipps. Unterstützung bieten wir vor allem durch die verschiedensten Rituale. Als Rituale bezeichnet man vorgefertigte festliche Handlungsabläufe, die oftmals auf eine bekannte Symbolik zurückgreifen. Mit Hilfe ihrer Durchführung können sie Halt und Orientierung geben und die wichtigen Phasen vor, während und nach dem Sterben leichter, aber trotzdem bewusst erleben lassen.

So kann jeder Tierbesitzer dieses Buch dazu nutzen, um sich Schritt für Schritt führen zu lassen durch die Zeit des Abschieds von seinem Tier, hin zu einem neuen Verständnis von Sterben und Tod.

2.

Eine neue Sichtweise von Gesundheit und Krankheit

Bevor wir uns näher mit dem Thema Sterben und Tod befassen, wollen wir erst einmal damit anfangen, das Leben zu betrachten – und zwar den Teil des Lebens, der von Krankheit bestimmt wird. In einer Zeit, in der Krankheit einen großen Teil des Lebens ausmacht, kommen wir nicht umhin, uns intensiv damit zu beschäftigen. Vielleicht fragt sich jetzt der eine oder andere, was denn die Sichtweise von Gesundheit und Krankheit mit dem Sterben zu tun hat? Sehr viel. Denn wie wir mit Krankheit umgehen, entscheidet letztendlich, wie bewusst wir unseren Lebensweg gehen. Die Art und Weise, wie wir unseren Lebensweg beschreiten, nehmen wir mit in den Sterbeprozess. Krankheit ist immer ein Hinweis darauf, dass etwas im Leben geändert werden sollte. Der Körper schickt uns Signale in Form von Symptomen, um uns auf etwas aufmerksam zu machen, was aus der Ordnung geraten ist; und der Körper spricht eine deutliche Sprache. Denken Sie nur an die Magenschmerzen, wenn wir etwas nicht „verdauen" wollen oder können. Oder an den Durchfall von Tieren, die z.B. vor etwas „Schiss" haben.

In letzter Zeit konnten wir verstärkt beobachten, dass immer mehr Tierbesitzer sich sehr intensiv mit der Gesundheitsvorbeugung befassen und alles tun, damit ihr Tier erst gar nicht krank wird. Das ist einerseits eine sehr schöne Entwicklung, die aber andererseits die Gefahr in sich trägt, das Thema Krankheit als etwas Unnormales oder Unnatürliches zu betrachten und sie als Lernaufgabe zu missachten. Krankheit kann nach unserer Erfahrung nur dann vermieden werden, wenn das Thema, das dahinter steht, rechtzeitig erkannt und bearbeitet wurde. Vorbeugen ist nur dann gut, wenn es kein Davonlaufen ist. Erkenntnis kann natürlich immer auch vorbeugend geschehen. Niemand muss warten, bis sein Tier krank wird, um (s)ein Problem zu erkennen. Leider hat uns die Erfahrung gezeigt, dass die wenigsten sich offensiv mit Problemen auseinandersetzen, bevor nicht ein gewisser Leidensdruck vorhanden ist. Die Seele gibt viele Hinweise, bevor der Körper krank wird. Leider wird sie nur sehr selten „erhört". So muss das Problem auf die körperliche Ebene sinken, um offensichtlich zu werden, getreu der Lebensweisheit:

Die Seele sagt zum Körper: „Geh du vor, auf mich hört er nicht. Vielleicht hört er auf dich." Der Körper sagt zur Seele: „Ich werde krank, dann wird er Zeit für dich haben."

Vielleicht liegt das daran, dass wir sehr materiell denken und nur das annehmen, was wir auch sehen können. Wenn ein Problem dann in Form einer Krankheit sichtbar geworden ist, werden die vorhandenen Symptome oft mit allen verfügbaren Mitteln bekämpft, ohne dass ihre Bedeutung verstanden wurde.

Unsere Beobachtungen der letzten Jahre haben uns gezeigt, dass Krankheit nicht auszurotten ist und sie, trotz modernster Medizin und vieler, nicht immer sinnvoller Vorbeugungsmaßnahmen nicht weniger geworden sind als vor hundert Jahren. Den Seuchen früherer Jahre sind neue Seuchen mit neuen Namen gefolgt. Uns drängt sich der Gedanke auf, dass Krankheit, so seltsam das klingt, durchaus gesundes, Heil bringendes Potenzial in sich birgt.

Wenn wir uns näher mit dem Thema Krankheit befassen, stellen wir fest, dass dahinter immer eine persönliche Aufgabe steht. Nach jeder bewusst bearbeiteten Krankheit ist man, egal ob Mensch oder Tier, ein Stück gewachsen und gereift. Krankheit bedeutet immer eine Auseinandersetzung mit sich selbst und seinen Defiziten. Sie bietet uns die große Chance, über das Annehmen unserer Schwächen und deren Verarbeitung wieder ein Stück heiler und gesünder zu werden. Das offensive Umgehen mit dem Hintergrund von Krankheit ist bereits der erste Schritt in Richtung Heilung. Allein mit dem Gang zum Arzt und dem Einnehmen bzw. Eingeben von Medikamenten ist in den seltensten Fällen eine dauerhafte Heilung zu erzielen. Wer nur die Symptome bekämpft, gibt die Verantwortung für seine Krankheit an den Arzt ab und missachtet die an ihn selbst gerichtete Botschaft.

Es ist eine gute Vorbereitung auf das Sterben und den Tod, wenn man sein Leben bewusst lebt und die Aufgaben, die es stellt, annimmt. Man könnte auch umgekehrt sagen, dass man umso sinnvoller lebt, je besser man das Thema Sterben und Tod in sein Leben integriert. Der Tod ist immer an unserer Seite, egal ob wir gesund oder krank sind. Richtig bewusst wird uns das Thema Sterben aber oft erst, wenn wir durch eine Krankheit einer uns nahe stehenden Person oder eines geliebten Haustieres mit dem Tod in Berührung kommen.

Gesundheit und Krankheit sind zentrale Themen im Leben eines jeden. Jeder möchte gerne gesund sein und wünscht sich das auch für sein Tier. Nach der landläufigen Meinung bedeutet Gesundheit für die meisten Menschen das Fehlen von körperlichen Symptomen bei gleichzeitigem seelischen Wohlbefinden. Nach Definition der Weltgesundheitsorganisation ist Gesundheit ein Zustand völligen körperlichen, geistigen, seelischen und sozialen Wohlbefindens. Aber das sind alles nur Worte, die nicht ausdrücken können, was Gesundheit wirklich ausmacht. Vor allem nicht, was Gesundheit für den Einzelnen bedeuten kann.

Unsere Sichtweise von Krankheit und Gesundheit unterscheidet sich in vielem von der gängigen Meinung. Wir halten zum Beispiel die Eigenverantwortung in Sachen Gesundheit – und nicht nur dort – für unverzichtbar. Eigenverantwortung bedeutet aber nicht, jemanden oder etwas zu suchen, dem wir die Schuld an unserer Erkrankung geben können. Die Verantwortung liegt immer bei uns selbst. Diese Eigenverantwortung zu übernehmen, ist für die meisten Tiere, die als Haus- oder Nutztiere gehalten werden, nur schwer oder gar nicht möglich. Sie werden häufig nicht als gleichberechtigter Partner ihres Menschen betrachtet, sondern als Wesen, die im Rang unter dem Menschen stehen und die es zu schützen und oft auch zu beherrschen gilt. Das Gros der Menschen denkt, dass ihr Tier von ihnen abhängig ist – was in den meisten Fällen auch stimmt – und sie alles für es tun müssen, damit es gesund und glücklich ist. Sie glauben, dass nur sie selbst wissen, was ihrem Tier gut tut. Natürlich haben auch Tiere eine eigene Meinung zu ihrem Leben und zu ihrem Befinden. Sehr oft braucht oder möchte das Tier etwas ganz anderes als das, was es bekommt, und drückt das auf die verschiedensten Arten und Weisen aus. Diese Signale werden im Alltag leider entweder übersehen oder falsch beziehungsweise gar nicht verstanden.

Aus den Beobachtungen in der freien Natur wissen wir, dass Wildtiere natürlich und ihrer Art entsprechend leben und Krankheiten, hier besonders die sogenannten Zivilisationskrankheiten, nicht in dem Ausmaß vorkommen, wie das leider bei vielen Haustieren der Fall ist. Wildtiere leben, wenn sie die Möglichkeit dazu haben, im Einklang mit sich und der Natur und haben noch einen gesunden Instinkt. Der Mensch und sein Haustier leben in einer Gemeinschaft, in der man sich gegenseitig beeinflusst und nicht jeder immer so existieren kann, wie er eigentlich gerne möchte. Vor allen Dingen das Tier nicht.

Trotzdem ist kein Tier zufällig bei seinem Menschen, wie wir aus vielen Beobachtungen wissen. Wir durften erleben, dass Menschen und Tiere zusammenfinden, die sich viel zu geben haben und die voneinander und miteinander lernen können. Sehr oft hören wir Aussagen wie: „Eigentlich wollte ich diesen Hund oder diese Katze gar nicht, aber sie hat sich auf Umwegen in mein Leben geschlichen." Tiere nehmen bewusst etwas auf sich, um dem Menschen, dessen Weggefährte sie sind, auf seinem Weg zu helfen. Wie zeigt sich das im Alltag? Tiere bekommen oft eine Krankheit, die etwas mit ihrem Menschen zu tun hat. Es kommt immer wieder vor, dass ein Haustier Probleme an den gleichen Organsystemen hat wie sein Mensch. In einem uns bekannten Fall bekam eine Hündin immer dann Probleme mit den Augen, wenn ihr Frauchen Stress hatte. Sobald der Stress vorüber war, waren auch die Augen wieder in Ordnung. In einem anderen Fall hatten die Meerschweinchen ihrer Besitzerin immer wieder entzündete Augen, wenn ihr Frauchen ein Problem nicht „sehen" wollte.

Wir verstehen unter der These, dem Tier ein Stück weit die Verantwortung für sein Leben zu übergeben, nicht, das Tier sich selbst zu überlassen. Ein Tier, das als Haustier gehalten wird, ist in vielerlei Hinsicht auf uns angewiesen. Wenn wir unserem Tier die (Eigen-)Verantwortung für sein Leben übertragen, dann bedeutet das in unseren Augen, dass wir die natürlichen Bedürfnisse unseres Tieres bei allem, was wir für das Tier tun, berücksichtigen und akzeptieren. Wir beachten immer, was das Beste für das Tier ist und beziehen das Tier, soweit das möglich ist, in die Entscheidung mit ein. Wir sollten vor allem im Krankheitsfall dem Tier die Wahl lassen zu entscheiden, ob es wieder gesund werden möchte oder nicht. Wenn wir die Eigenverantwortung – nicht nur für uns selbst, sondern auch für unser Tier – ernst nehmen, dann sollte es unser höchstes Ziel sein zu versuchen, die Botschaft hinter der Krankheit unseres Tieres zu verstehen und nicht nur die Symptome, die sie begleiten, so schnell wie möglich wieder zum Verschwinden zu bringen. Die beste Möglichkeit, Krankheit zu überwinden, liegt für den Tierhalter und auch für das Tier immer zuerst in der Annahme der Krankheit. Wenn das geschafft ist, kann man sich an die Bearbeitung der Aufgaben machen, die hinter der Krankheit stehen. Neben der tierärztlichen oder tierheilpraktischen Behandlung sollte sich jeder Zeit nehmen darüber nachzudenken, was hinter der Krankheit seines Tieres stecken kann. Der sinnvolle Weg, mit Krankheit umzugehen, beinhaltet immer ein genaues Ansehen der Krankheit, das Erkennen der Problematik, die dahinter steht, das Annehmen und natürlich die Behandlung.

Aber egal wie gesund oder krank ein Tier auch sein mag, wichtig ist, wie das Tier selbst sich fühlt und wie es seine Krankheit annimmt. Es ist nicht ungewöhnlich, dass schwerkranke Tiere einen fröhlichen und zufriedenen Eindruck machen und das Leben genießen, trotz ihrer Gebrechen. Es gibt so viele Berichte von Tieren mit körperlichen Behinderungen oder mit einer chronischen Krankheit, die ein glückliches Dasein fristen. Selbst Tiere mit schwersten Erkrankungen können voller Hingabe und Liebe für sich und ihre Menschen sein. Sie akzeptieren ihren Zustand als natürlich und wichtig. Sie wissen, dass ihre Krankheit mehr ist als nur die Symptome, die sie zeigt.

Gesundheit muss also nicht unbedingt bedeuten, immer frei von Symptomen zu sein. Gesundheit kann auch bedeuten, sich so anzunehmen wie man ist – mit seinen körperlichen Schwächen, seinen Gebrechen, seinen Ängsten und Nöten. Danach gilt es, mit Mut und Optimismus daran zu arbeiten. Diese Möglichkeit, über eine Krankheit Lebensaufgaben zu lernen und an ihnen zu wachsen, beherrschen unsere Tiere bereits perfekt. Sie nehmen ihre Lebensaufgaben, speziell in Zusammenhang mit ihren Menschen, voll und ganz an und leisten damit eine gute Voraussetzung, um ihre Lebensenergie in eine positive Richtung zu lenken. Häufig jedoch scheitert dieses Vorhaben am Eingreifen des Menschen, der das Tier nicht in dem Maße unterstützt, wie es für das Tier und die Situation von größtem Nutzen wäre.

Wie wir leben, beeinflusst natürlich auch den Sterbeprozess. Je sinnvoller wir mit den Themen unseres Lebens umgehen, desto entspannter wird der Sterbevorgang ablaufen. Wenn wir Wachstum durch Krankheit erleben konnten, sind wir bereits offen dafür, auch im Sterbeprozess Wachstum zuzulassen. Das alles gilt im gleichen Maß für unsere Tiere. Wir müssen uns von der Sichtweise verabschieden, dass Krankheit mit allen Mitteln zu bekämpfen ist. Krankheit ist kein Schlachtfeld, sondern ein Hinweis; und es macht keinen Sinn, Hinweisschilder mit Geschrei umzureißen. Vielmehr sollte man ihnen folgen, um seinem Ziel näher zu kommen.

In unserem Beruf haben wir sehr oft mit Tierhaltern zu tun, die uns darum bitten, ihren schwer kranken Tieren zu helfen, wieder gesund zu werden. Die Liste der Krankheitsnamen, die das Leben der Tiere bedrohen, ist lang, und viele der Krankheiten hängen wie ein Damoklesschwert über dem Tier und seinem Halter. Es werden viele Anstrengungen unternommen, viele Therapien ausprobiert, Informationen gesammelt und ausgetauscht, um die Krankheit in den Griff zu bekommen. Alles mit dem Ziel und Wunsch, dass das Tier auf gar keinen Fall sterben soll und darf. Aber es gibt keinen genormten Lebensweg, der vorschreibt, was wann passieren darf. Der Weg des kranken Tieres kann durchaus und zu jeder Zeit auch in den Tod führen, ungeachtet seines eventuell jungen Alters. Wenn wir von der Unsterblichkeit der Seele ausgehen, dann zeigt das, dass die Wesenheit, sobald sie den Körper verlässt, wieder heil ist. Also kann ein Tier sein Heil, sein „Gesundwerden“ auch im Sterben suchen und finden. Es sollte also jederzeit daran gedacht werden, dass eine Krankheit auch ins Sterben führen kann. Das bedeutet nicht, dass ein krankes Tier nicht behandelt werden soll. Wir möchten lediglich darauf aufmerksam machen, dass auch das Sterben als Weg ins Heil betrachtet werden muss, wenn eine oder viele unterschiedliche Therapien keine Wirkung zeigen. Es geht nicht um das, was *wir* als Halter des Tieres uns wünschen, es geht darum, was das Beste für das Tier ist. Es geht um seinen Weg. Das Sterben mit einzukalkulieren – so berechnend das jetzt auch klingt – kann vieles erleichtern. Wird das Sterben so lange verdrängt, bis es nicht mehr übersehen werden kann, ist das Ergebnis oft, dass nun alles sehr schnell, geradezu überstürzt zu Ende gehen kann und der Tierbesitzer völlig unvorbereitet und überfordert ist. Die Energie, die er benötigt, um sein Tier angemessen im Sterben zu begleiten, ist dann leider oft verbraucht. So werden viele Abschiede zwischen Mensch und Tier zu verzweifelten Aktionen.

Lange Zeit dachten auch wir, dass es unser höchstes Ziel sei, die Tiere am Sterben zu hindern. Damit haben wir oft gegen die Interessen der Tiere gehandelt, ohne dass wir das Sterben jedoch aufhalten konnten. Es ist natürlich und selbstverständlich für einen Therapeuten, Heilung anzustreben. Aber irgendwann kommt jeder ganzheitlich denkende Mediziner, egal ob Schul- oder Alternativ-Mediziner, an den Punkt, wo er erkennt, dass er niemanden heilen kann. Er kann dem Patienten nur helfen, sich selbst zu heilen; und Heilung bedeutet nicht in jedem Fall, den Patienten am Leben zu erhalten. Heilung kann der Patient, wenn es sein Weg ist, auch im Sterben finden.

Es ist wichtig herauszufinden, welchen Weg der Patient, in unserem Fall das Tier, gehen will, und ihn dann dabei zu unterstützen.

Interessant ist es zu erfahren, wie ein Hund, in unserem Fall die Hündin Sandy, das Thema Gesundheit und Krankheit sieht. Lesen Sie bitte, was Sandy dazu meint:

„Das ist ein sehr komplexes Thema. Aber jeder, so er denn nur offen genug ist und es verstehen möchte, kann es auch verstehen. Werden Tiere krank, dann ertragen sie ihr „Schicksal" sehr viel leichter, als ihr das vermuten möchtet. Das liegt daran, dass wir wissen, warum wir die Krankheit ertragen müssen. Sie ist immer, und ich meine hier wirklich *immer*, Hinweis auf etwas, was dahinter steht.

Hundertprozentige Gesundheit gibt es eigentlich gar nicht. Denn jeder – ob Mensch oder Tier – ist absolut einzigartig. Kein Organismus funktioniert genau wie der andere, und keiner erlebt das gleiche Leben wie ein anderer. Sollte es einmal scheinbar so aussehen, dann seid gewiss, es scheint nur so! Das liegt einfach daran, dass niemand die Wahrnehmung eines anderen haben kann.

Ihr wisst am allerbesten, wie schwer es ist, Gefühle mit Worten zu beschreiben. Stellt euch vor, dass sich euch jemand so weit öffnet und seine Gefühle beschreibt, die er empfindet. Auch wenn ihr offen seid und ihn wahrhaft zu verstehen glaubt, versucht zu verstehen, dass man die Gefühle eines anderen nicht wirklich so empfinden kann, wie er sie empfindet. Man kann versuchen, die Gefühle nachzuempfinden, weiß aber nie, ob man dann wirklich die gleichen Gefühle in der gleichen Intensität empfindet wie derjenige, der sie uns geschildert hat; denn jedes Lebewesen lebt in seiner individuellen Gefühlswelt. Hier gibt es ein simples Beispiel: Stellt euch vor, es gibt zwei Wesen, die sich lieben, ganz und gar und sehr innig. Wie tief ist dann ihre Liebe auf einer Skala von 100 Punkten? Ganz oben bei 100? Reichen dann für beide die Gefühle bis 100; und wer sagt uns, wie tief die empfundene Liebe bei 100 wirklich ist?

Ihr seht, jedes Leben ist so individuell, dass man nie von einem auf ein anderes schließen kann.

Um wieder zum Thema Krankheit zu kommen, bedeutet das: Versucht zu verstehen, dass Krankheit in Wirklichkeit neben dem Leben selbst ein Geschenk ist. Ihre eigene Botschaft gilt es zu ergründen; mit dem Ziel, an der Erkenntnis zu wachsen, um sich zu entwickeln. Das zu erkennen, ist der erste große Schritt in Richtung Heilung. Ob die Krankheit dann letzten Endes geht oder bleibt, spielt dabei eigentlich keine Rolle mehr.

Noch ein Hinweis zu den Krankheiten, die wir – eure tierischen Freunde – bekommen. Oft sind es unsere eigenen Krankheiten, dann natürlich mit einer Botschaft für uns selbst. Doch manchmal sind es auch Krankheiten, die eine Botschaft für unsere Menschen bereithalten. Bekommen wir eine solche Krankheit für euch Menschen, dann tun wir dies aus einer tiefen, selbstlosen Liebe. Diese Krankheiten, die wir für euch tragen, sollen für euch hilfreich sein, um zu erkennen, dass es Situationen in eurem Leben gibt, an denen durchaus etwas nachgebessert werden kann. Und auch hier gilt: Der Weg ist das Ziel! Das Erkennen dieser Wahrheit ist der erste große Schritt in Richtung Heilung."

Lernaufgabe:

- Die eigene Gesundheit und die des Tierpartners aus der ganz persönlichen Sicht betrachten. Zum Beispiel, indem man versucht, die Symbolik der Krankheit zu verstehen, die man selbst oder sein Tier hat.
- Die eigene Krankheit und die seines Tieres als Aufgabe annehmen und bearbeiten.
- Die Verantwortung für das eigene Leben übernehmen und nicht an andere, wie z.B. den Arzt, abgeben. Der Arzt leistet Hilfestellung, er fungiert als „Wegweiser", den Weg gehen muss jeder selbst.
- Dem Tier die Verantwortung für sein Leben überlassen, indem man auf das Tier und seine Wünsche eingeht.
- Das Tier als Partner betrachten und achten. Dem Tier den gleichen Respekt zollen, den man sich selbst auch wünscht.
- Akzeptieren, dass das Tier selbst entscheidet, ob es gesund werden möchte oder nicht und den Weg, den das Tier wählt, dann auch zulassen.
- Die Aufgabe erkennen, die der tierische Weggefährte in unserem Leben erfüllt.
- Bewusst und authentisch leben und handeln.

3.

Der Sinn von Leben und Sterben

Unter dem Sinn (s)eines Lebens kann sich jeder etwas vorstellen; auch wenn für jeden der Sinn seines Lebens ein anderer ist, beziehungsweise jeder seinem Leben einen anderen Sinn gibt. Dass aber auch Sterben und Tod einen Sinn haben, außer dem, dass wir diese Welt verlassen, werden einige Menschen doch etwas merkwürdig finden.

Leben und Tod gehören zusammen wie Tag und Nacht. Das eine trägt immer das andere in sich. Auf das scheinbare Sterben der Natur im Winter folgt das Erwachen und Wachsen im Frühling. Auf das Leben folgen Sterben und Tod. Nach unseren Kenntnissen und Erfahrungen und dem Wissen der modernen Sterbeforschung folgt auf den Tod immer wieder ein neues Leben. In jeden Sterbeprozess nehmen wir das Erlebte und Vollbrachte aus unserem Leben mit; und aus der Saat unseres vergangenen Lebens wächst die Ernte, die wir in einem neuen Leben einfahren können. Das Sprichwort „Wir ernten, was wir säen" gilt also nicht nur für Landwirte und Gärtner, sondern für alle Lebewesen.

Wir sind der festen Überzeugung, dass jedermann mit einer oder auch mehreren Aufgabe(n) auf dieser Welt ist, die er zu bewältigen hat und die nur er allein erfüllen kann. Das Leben ist nicht nur ein Aneinanderreihen von Tagen, Monaten und Jahren, in dem wir so viel Spaß wie möglich haben sollen. Es stellt vielmehr eine Lektion dar, die sogenannte „Schule des Lebens", die uns Aufgaben stellt und die jedem die Möglichkeit bietet, zu wachsen und sinnvoll und gleichzeitig zum Wohl von allen zu leben. Dabei kann jeder Mensch und jedes Tier nur seinen ganz eigenen, individuellen Lebensweg gehen und seine ganz eigene, individuelle Aufgabe erfüllen. Das setzt natürlich voraus, dass jeder für sich herausfindet, was der Sinn seines Lebens ist und welche Aufgaben damit verbunden sind. Spaß haben kann man dabei natürlich trotzdem. Ja, man sollte sogar welchen haben! Denn nur das, was man mit Spaß und Freude tut, tut man auch gut und gerne! Getreu dem Motto: „Wo die Freude nicht ist, ist auch nicht der Weg."

Doch wie finden wir heraus, welcher Weg für uns der richtige ist? Den Sinn, die Aufgabe seines Lebens zu finden, ist gar nicht so schwer. Wie bei vielen Dingen im Leben müssen wir nur auf unsere innere Stimme hören. Wenn wir uns zu bestimmten Dingen hingezogen fühlen, wenn wir darauf achten, dass das, was wir tun, uns erfüllt. Wenn es sich gut anfühlt, wenn wir ein gutes „Bauchgefühl" dabei haben, wenn wir Freude und Frieden bei dem empfinden, was wir tun; wenn unser Handeln uns gut tut, dann sind wir bereits auf dem richtigen Weg. Indem wir in uns hineinhören, hineinfühlen und uns immer wieder fragen, was wir wirklich wollen und dann auch mutig danach handeln, selbst wenn es von der gängigen Norm abweicht, dann ist das der erste Schritt auf unserer langen Reise. Auf diese Art und Weise ist es möglich, seinen ganz individuellen Weg, seinen Lebenssinn, seine persönliche Lebensaufgabe zu erkennen.

Zu Beginn der „Lebens-Sinn-Reise" können wir versuchen herauszufinden, was wir erwarten, was wir wollen und welchen Beitrag wir leisten können. Dabei geht es aber nicht nur um materielle

Ziele und Wünsche, sondern hauptsächlich um wahre Werte. Selbst wenn wir hundert Luxusautos besitzen, so können wir immer nur eines von diesen Autos lenken und nur ein Ziel damit ansteuern. Es ist wichtig, frühzeitig zu erkennen, dass nichts, aber auch gar nichts von dem, was wir besitzen, mitgenommen werden kann in den Tod. Ganz im Gegenteil. Allzu viel Besitz kann auch belasten. Nicht nur im Leben, sondern noch mehr im Sterben. Trotzdem ist es möglich, sinnvoll und lustvoll zugleich zu leben. Die Zauberformel lautet „Aus ganzem Herzen leben und dabei nichts festhalten." Und über allem steht ganz groß das Thema „Liebe lernen und Liebe leben". Nicht die äußeren Werte, an denen wir uns in unserer Gesellschaft oft orientieren, sind wichtig. Wichtig ist, dass wir hinter jeder unserer Handlungen stehen und jede unserer Handlungen in Liebe und Achtung geschieht. Man muss kein erfolgreicher Sportler oder Politiker oder Herrscher über ein großes Reich sein, um viel zu bewegen. Jedes Lebewesen, und sei es noch so klein, ist ein wichtiger Bestandteil des großen Ganzen.

Die Bedeutung eines wahrhaft und sinnvoll gelebten Lebens besteht darin, seinen eigenen Wert und seine eigene Aufgabe zu erkennen, anzunehmen und zu leben. Die Tiere können das bereits in vollendeter Form. Jeder Wurm weiß um seine Wichtigkeit und kennt seine Rolle im Kreislauf des Lebens. Er strebt nicht danach, etwas anderes zu sein als das, was er ist, nämlich ein Wurm. Er lebt seine Potenziale und trägt das, was nur er kann, zum Lauf und Wohl der Welt bei. So sind es oft die Tiere, die uns zeigen, was wichtig ist im Leben und was wichtig ist im Sterben. Wir müssen nur genau hinsehen und hinhören und es zulassen.

Das Wunderbare ist ja, dass wir immer Lebewesen an unserer Seite haben, egal ob Mensch oder Tier, die ein Stück unseres Weges mit uns gehen, mit uns lernen, uns helfen und die auch wir unterstützen dürfen. Wenn wir genau hinschauen und unsere

Tiere unter diesem Gesichtspunkt betrachten, erkennen wir sehr oft deren Aufgabe an unserer Seite. Sei es, dass sie uns die Kraft geben, mit Schicksalsschlägen fertig zu werden; sei es, dass sie Freude und Schwung in unser Leben bringen; oder sei es, dass sie uns über ihre eigenen Krankheiten und Verhaltensweisen auf unsere Probleme aufmerksam machen, uns sozusagen „spiegeln". Bei allem, was sie tun, erweisen sie uns Liebe und Achtung. Allein dem Tier an unserer Seite den gleichen Respekt und die gleiche bedingungslose Liebe entgegen zu bringen, macht unser Leben reich. Wenn Sie also zweifeln und einfach nicht erkennen können, worin Ihre Aufgabe im Leben besteht, dann schauen Sie auf das Tier an Ihrer Seite. Wie verhält es sich Ihnen gegenüber, was drückt es aus, was will es Ihnen sagen? Wenn Sie diese Botschaft verstehen, bekommen Sie oft eine Idee, Ihr eigenes Leben betreffend.

Meine Katze Feli sagte einmal in einer Tierkommunikation zu mir „Krieg endlich Deinen Hintern hoch. Du musst Dich nicht ständig hinter anderen verstecken. Tue das, was Du gerne tun möchtest. Du kannst es! Und tue es bald! Sei frech, klaue auch mal anderen das Essen vom Teller!" Letzteres habe ich natürlich nicht getan. Aber ihre Botschaft hat mich erreicht und tief berührt. Meine kleine Katze wusste und weiß genau, worum es für mich geht; und sie redet nicht lange um den heißen Brei.

Im Zusammenleben mit unseren Tieren müssen wir uns allerdings immer darüber im Klaren sein, dass sie uns aufgrund ihrer kürzeren Lebensspanne irgendwann wieder verlassen werden. Was auch bedeutet, dass der gemeinsame Weg zum Ziel Sterben und Tod hinführt. Trotz dieses erschreckenden Gedankens sollten wir ihn nicht ignorieren. Was auf den ersten Blick Angst macht, erhält einen Sinn, wenn wir aufgrund dieses Wissens anfangen, bewusster zu leben. Alles, was man je erlebt und getan hat, bekommt einen ganz neuen Wert, wenn man es am Ende (s) eines Lebens betrachtet. Vieles von dem, was wir einst sehr ernst genommen haben, erscheint dann auf einmal nicht mehr so wichtig. Vieles, was uns geärgert hat, sehen wir plötzlich mit anderen Augen. Jeder von uns hat sich schon einmal über etwas eigentlich vollkommen Unwichtiges im Zusammenleben mit seinem Tier aufgeregt. Zum Beispiel über den Hund, der mit schmutzigen Pfoten den Teppich verunziert oder der die neuen Schuhe von Herrchen zerkaut, so dass sie aussehen, als wären sie aus der Altkleidersammlung. Oder über die Katze, die ihre Beute ausgerechnet auf der neuen – natürlich weißen – Couch verspeist oder ihre ach so gut geschärften Krallen liebevoll in unsere schicke, teure Markenstrumpfhose – inklusive Bein – rammt. Das Ende des Lebens öffnet unsere Augen in jeder Hinsicht. Wir erkennen plötzlich, dass man viele Dinge, die uns im Alltag die Zornesröte ins Gesicht getrieben haben, nicht zu hoch bewerten sollte. Der durch Hundepfoten gebatikte Teppich wird in Anbetracht des Todes eines geliebten Hundes auf einmal vollkommen nebensächlich. Wir würden noch viele weitere verschmutzte Teppiche in Kauf nehmen, wenn dafür der geliebte Hund wieder unter uns wäre. Vielleicht werden all die Unarten, die uns zu Lebzeiten des Tieres den letzten Nerv geraubt haben, nach deren Tod sogar schmerzlich vermisst? Es ist darum sinnvoll, dass Sie sich schon zu Lebzeiten bewusst machen, wie wertvoll ein jedes Lebewesen an ihrer Seite ist, ungeachtet seiner angeblichen Fehler. Der Tod zeigt uns sehr klar, wo wir unsere Prioritäten setzen sollen. Er zeigt uns, was wichtig ist und was nicht. Aber es ist nicht nötig, dass Sie so lange warten, um das zu erkennen. Leben Sie immer so, dass Sie sich nie Vorwürfe machen müssen, etwas versäumt oder überbewertet zu haben.

Wenn Sie Ihrem Leben Inhalt geben, wenn Sie so leben, dass Sie beim Rückblick zufrieden sind, wenn Sie materielle Dinge nicht überbewerten, dann leben Sie sinnvoll und dann können Sie, wenn der Lebensweg irgendwann zu Ende gegangen ist, ohne Probleme das Leben wieder loslassen. Dann können Sie auch Ihr geliebtes Haustier loslassen, wenn dessen Weg zu Ende gegangen ist.

Aber nicht nur im Leben gilt es, einen Sinn zu finden und ihn zu leben. Auch das Sterben hat seinen ganz eigenen Sinn. Was steckt hinter dem Sinn des Sterbens? Kann es sein, dass der Prozess des Sterbens ebenso zu Wachstum verhilft wie der Lebensprozess? Jeder von Ihnen hat sicher schon die eine oder andere Lebenskrise hinter sich gebracht. Solange wir mitten in einer Krise stecken, fühlen wir uns verletzlich und einfach schrecklich. Häufig fühlt es sich an, als wären wir von einem Laster überrollt worden. Aber sobald die Krise überwunden ist, sind wir gestärkt und einen Schritt vorwärts gekommen. So wie wir uns in der Schule von einer Klasse in die nächste vorgearbeitet haben, so arbeiten wir uns auch durch die Klassen des Lebens, wobei die Lektionen nicht immer leicht sind. Diese Lernprozesse setzen sich auch während des Sterbevorgangs fort und fordern sehr viel Hingabe und Verständnis von jedem Beteiligten. Aber keiner, so schmerzhaft sie manchmal auch sein können, erlebt sie ohne Grund. Die Tibeter belegen in ihren Schriften über das Leben und das Sterben, dass jeder auch während des Sterbens verschiedene Phasen durchlebt, die der Seele helfen, sich vom Körper zu lösen, die die Seele weiter reifen lassen und auf die neue Existenz im Jenseits vorbereiten. Aus dieser Sicht macht es Sinn, den Sterbeprozess nicht abzukürzen, ihn nicht so schnell wie möglich hinter sich bringen zu wollen wie eine unliebsame und schwierige Aufgabe. Vielmehr sollte man ihn bewusst und würdevoll beschreiten. Ein jedes Lebewesen stirbt so, wie es gelebt hat. Wenn unser Leben ein einziges Chaos war, dann dürfen wir nicht erwarten, dass unser Sterben in Stille und Frieden abläuft. Es geht hier aber nicht darum, jedem ein friedliches Leben für sich und für seine Tiere aufzuerlegen, das ist gar nicht möglich. Denn wenn es ihre Aufgabe ist, ein bewegtes und aufregendes Leben zu führen, dann ist das so. Aber es sollte immer Zeiten geben, in denen man mit sich ins Reine kommt und Frieden schließt mit dem, was passiert und mit dem, was passiert ist. Es geht nicht darum, immer in Frieden zu leben, sondern den Frieden in sich selbst zu finden. Es geht auch nicht darum, sein Leben – und Sterben – ohne Krisen zu überstehen, sondern darum, diese Krisen in Demut anzunehmen und an ihnen zu wachsen.

Ein sehr wichtiger Schritt, der vieles im Leben und Sterben erleichtert, besteht darin zu erkennen, dass der Tod schon zu Lebzeiten real und allgegenwärtig ist. Er steht und geht an unserer Seite, Tag und Nacht. Trotzdem ist nicht vorhersehbar, wann er sich uns zeigt. Aber wer den Tod schon zu Lebzeiten an seiner Seite akzeptiert hat, der erschreckt nicht, wenn er plötzlich aus dem Schatten ins Licht tritt und neben ihm auftaucht. Wer schon zu Lebzeiten ein freundschaftliches und gutes Verhältnis zum Tod und zum Sterben hat, dem wird er auch in Freundschaft begegnen.

Sterben und Tod als Bestandteil des Lebens zu akzeptieren, erleichtert das Leben um ein Vielfaches. Wir können dies aus eigener Erfahrung nur immer wieder betonen. Wenn der Tod als Freund und nicht als Feind angesehen wird, wenn das Sterben so zugelassen werden kann, wie es von der Natur gedacht ist, wird das nicht nur zu Reife und Wachstum führen. Auch die Zeit der Trauer wird nach einem bewusst erlebten Sterbeprozess ganz anders verlaufen. Traurig zwar, ohne Frage, und tränenreich. Aber wenn alles im Sinn des Sterbenden abläuft, wenn wir den Sterbeweg als naturgegebenes, großes und wichtiges Ereignis sehen können – sozusagen als das Finale des Lebens – und wenn wir den Sterbenden nicht als Opfer, sondern als Wanderer zwischen den Welten betrachten, dann müssen wir im Trauerprozess nichts mehr kompensieren. Die Oberflächlichkeit fällt von ihm ab und erhält eine Tiefe, die Frieden spürbar macht. Alles ist getan.

Zum Schluss möchte ich meine Katze Feli zum Thema „Der Sinn von Leben und Sterben" zu Wort kommen lassen; denn natürlich haben auch Tiere zu diesem Thema eine eigene Meinung. Aber lesen sie selbst:

„Es ist interessant, dass ihr Menschen eine Erklärung zum Thema „Der Sinn von Leben und Sterben" sucht. Warum braucht ihr zu allem eine Erklärung? Ich sage Dir, alleine dass Du hier bist und wirkst, ergibt einen Sinn. Es bedarf keiner Erklärung. Öffne Deine Augen, und Du wirst den Sinn sehen, ihn schmecken, riechen, fühlen und hören. Geht mit offenem Herzen durchs Leben, das ist sinnvoll. Streichelt ein Tier, schenkt ein Lächeln, das ist sinnvoll. Tut Gutes, von ganzem Herzen, das ist sinnvoll. Liebt tief und innig. Ist das nicht Sinn genug? Ihr aber hetzt und jagt. Sucht nach Dingen, die ihr glaubt, besitzen zu müssen. Letztendlich besitzt es dann euch. Ihr benötigt nichts, außer einem frohen Herzen. Das Essen schickt der liebe Gott. Wenn dann der Zeitpunkt zum Verlassen dieser irdischen Welt kommt, seid wieder offen und voller Liebe. Ihr werdet Hilfe erfahren. Dem Akt des Sterbens verleiht ihr Sinn, wenn ihr euch ihm hingebt. Ihr werdet aufgefangen. Lasst zu und lächelt. Die Liebe, die unendliche Liebe wartet am Ende des Tunnels."

Lernaufgabe:

- Die Aufgabe erkennen, die das Leben stellt.
- Seinen ganz persönlichen und individuellen Weg gehen.
- Auf die Botschaft achten, die die tierischen Weggefährten uns mitteilen.
- In Liebe und Freude leben und handeln.
- Nach inneren Werten schauen und sich nicht von Äußerlichkeiten blenden lassen.
- Wichtiges von Unwichtigem unterscheiden lernen.
- Schon zu Lebzeiten nichts festhalten, was nicht festgehalten werden will.
- Die Einzigartigkeit in sich und in den begleitenden Tieren erkennen.
- Den Tod von Anfang an als Freund und Wegbegleiter begrüßen.
- Sich von der „inneren Stimme“ führen lassen.
- Versuchen, immer mehr zu geben, als man bekommt.
- Sein Tier mindestens genau so lieben, wie man von ihm geliebt wird (sehr schwer!).
- Immer so leben, wie man sterben möchte.
- Dem Leben und dem Sterben mit einem Lächeln begegnen.

4.

Was ist Sterben, was ist der Tod?

Kaum jemand stellt sich diese Frage. Wenn man sich im Freundeskreis umhört und nach der Angst vor dem Tod fragt, erhält man meistens die Antwort: „Ich habe keine Angst vor dem Tod, nur vor dem Sterben." Um vor dem Sterben Angst zu haben, sollte man aber erst einmal wissen, was das überhaupt ist und was da passiert. Viele von Ihnen werden sich jetzt fragen „Muss man das wirklich wissen?" Ja, ganz eindeutig JA! Nützt es denn überhaupt jemandem, wenn man weiß, was Sterben ist? Wieder ein eindeutiges JA! Denn nur das, was wir nicht kennen, kann uns ängstigen. Auch wenn Sie vielleicht denken, dass das Sterben doch von ganz alleine passiert, egal ob man weiß, was da vor sich geht oder nicht, so ist es trotzdem außerordentlich wichtig, über die Vorgänge beim Sterben informiert zu sein; denn das Sterben „passiert" nicht automatisch. Es ist ein ganz individueller Prozess, der bei jedem anders abläuft. Je nach Reife und Offenheit.

Denken Sie nur an die Atmung, die ja auch ganz automatisch „funktioniert". Aber trotzdem kann man auf die verschiedensten Arten atmen – tief oder flach, schnell oder langsam, bewusst oder unbewusst. Jeder hat durch sein Handeln Einfluss auf das, was mit ihm passiert.

Sterben definieren wir als den Weg am Ende eines jeden Lebens, der zum Ziel „Tod" hinführt. Während des Sterbevorgangs verlässt die Seele den Körper und löst die Verbindung zu ihm vollständig. Dieser „Sterbeweg" ist auf der Beliebtheitsskala des Durchschnittsmitteleuropäers nicht sehr hoch angesiedelt. Dabei ist er immens wichtig, um gut ans Ziel zu kommen. Der Sterbeweg ist vergleichbar mit einer Bergbesteigung. Es leuchtet jedem ein, dass man bei einer Wanderung im Gebirge den Weg gut kennen muss, um sicher und wohlbehalten ans Ziel zu kommen. Natürlich könnte man auch die Seilbahn nehmen. Aber sehr häufig gibt es keine; und selbst wenn es eine gibt, um auf den Gipfel zu gelangen, muss man trotzdem noch viele Schritte eigenständig gehen. Davon abgesehen, ist es ein unvergleichliches Erlebnis und eine wichtige Erfahrung, die jedem Lebewesen zu Reife und Wachstum verhilft, eigenständig einen Gipfel zu besteigen. Selbstverständlich muss man dazu gut vorbereitet und gut ausgerüstet sein. Genau so verhält es sich beim Sterbeweg, der sehr steil sein kann. Aber je besser die „Ausrüstung" und je besser die Vorbereitung, desto besser kann dieser Weg beschritten werden. Keiner wird je an einem Ziel ankommen, ohne vorher einen Weg gegangen zu sein. Der Spruch „Der Weg ist das Ziel" enthält auch beim Sterben sehr viel Wahrheit. Vielleicht wird der Sterbeweg deswegen mit so viel Angst und Misstrauen betrachtet, weil wir sein Ziel, den Tod, nicht wirklich ins Herz geschlossen haben? Aber auch hier gilt: Nur das, was wir in unser Leben integrieren, das, womit wir uns befassen, lernen wir kennen. Wenn wir den Tod schon nicht lieben, dann sollten wir zumindest versuchen, ihn zu akzeptieren.

Hat die Seele im Sterbevorgang den Körper vollständig verlassen und sich ganz von ihm gelöst, nennt man das Tod. Der Tod ist das Ende dieses irdischen Lebens. Je nach Glaubensrichtung ist für den einen nun alles zu Ende, ein anderer kommt in den

Himmel, ein weiterer erlangt das Nirvana (den Zustand der totalen Befreiung von Leiden), und dann gibt es noch diejenigen – zu denen auch wir gehören – die daran glauben, dass sich an jeden Tod wieder ein neues Leben anschließt.

Die Menschen, die wie wir daran glauben, dass es nach dem Tod – auf welche Art auch immer – weitergeht, kommen sowohl mit dem Leben als auch mit dem Sterben wesentlich besser zurecht. Das ist verständlich, denn diese Sichtweise beinhaltet die Möglichkeit, dass es eine umfassende, höhere Gerechtigkeit gibt, die dafür sorgt, dass irgendwann das geerntet werden kann, was man gesät hat.

Aus der modernen Sterbeforschung und vielen sich gleichenden Berichten von Menschen mit Nah-Tod-Erlebnissen durften wir erfahren, dass die Seele eines jeden Lebewesens weiterlebt. Diese Menschen erzählten, dass sie, auch nach Feststellung ihres klinischen Todes, weiter existierten, weiter wahrnahmen und sogar teilweise Kontakte mit bereits Verstorbenen hatten. Letzteres ist umso erstaunlicher, weil darunter auch solche waren, die derjenige gar nicht kennen konnte, da sie bereits vor seiner Geburt verstorben waren. Alle diese Erzählungen scheinen das zu bestätigen, was viele von uns instinktiv glauben, dass nämlich der Tod nur ein Übergang in ein neues Leben ist.

Der Tod ist auch das Ende von allem Materiellen, weil die Seele selbst immateriell ist. Die Seele ist das, was man im Leben nicht sieht. Sie ist es jedoch, die jedes Individuum einmalig macht und durch die es sich von allen anderen unterscheidet. Die körperliche Hülle ist das, was wir an Material in dieses Leben mitbekommen haben. Sie ist das Haus, in dem die Seele wohnt. Im Sterbeprozess wird der Körper immer unwichtiger, weil es hierbei nicht mehr um Materielles, sondern allein um seelisches Wachstum geht.

Was den Tod von Tieren betrifft, sind wir vielfach schon abgestumpft. Tote Tiere begegnen uns überall und ständig. Ob am Straßenrand oder auf unserem Teller (für Vegetarier auf dem Teller des Nachbarn), der Tod von Tieren ist ständig präsent. Eine andere Qualität erreicht der Tod von Tieren, wenn es unsere lieb gewonnenen Haustiere betrifft. Hier zeigt sich dann auf einmal, wie wenig wir den Tod wirklich in unser Leben integriert haben.

Haben wir noch ein natürliches Verständnis für den Tod von Wildtieren, so geht uns genau dieses Verständnis beim Tod unserer eigenen Haustiere wieder völlig verloren. Die natürliche Lebensspanne und das Schicksal von wild lebenden Tieren werden akzeptiert, wohingegen wir uns bei unseren Haustieren dagegen sträuben, obwohl wir wissen, dass auch deren Lebenszeit begrenzt ist.

In heutiger Zeit gibt es nur noch wenige Menschen, die Tieren eine Seele absprechen. Wenn wir davon ausgehen, dass jedes Tier beseelt ist, dann müssen wir auch davon ausgehen, dass die Seele des Tieres die gleichen Prozesse durchläuft wie die menschliche.

Es ist wichtig, dass wir den Tod als Bestandteil des Lebens akzeptieren und ihn nicht als Feind betrachten. Um dem Tod etwas von seinem Schrecken zu nehmen, hilft es, wenn man sich vorstellt, dass man sich während seines Lebens in einem großen (Lebens)Raum aufhält und zum Zeitpunkt des Todes diesen Raum durch eine Tür verlässt, um in einen neuen Raum zu gehen. Der Tod ist immer das Ende und gleichzeitig der Beginn von etwas Neuem. So wie jeder durch die Geburt in dieses Leben hineingeboren wird, so wird auch jeder durch den Tod aus diesem Leben heraus in ein neues Dasein geboren. Diese Sichtweise gibt dem Tod eine andere Dimension, nämlich die der Hoffnung auf etwas Neues, Gutes und Schönes.

Unser Kater Henry war – wie schon erwähnt – ein Meister in Sachen Sterbeprozess. Er hat die verschiedenen Phasen des Sterbens mehr als einmal durchlebt, sich dann aber oft dafür entschieden, noch ein wenig unser Sonnenschein zu bleiben. Wer wäre besser dazu geeignet, eine Erklärung über das Sterben und den Tod abzugeben als er? Lesen sie, was dieser kluge Kater zu diesem Thema zu sagen hatte:

„Sterben heißt, in den Himmel zu kommen. Man fängt an, dorthin zu laufen. Der Weg ist weit. Man kann ihn auch zurückgehen. Oder sich lange auf ihm aufhalten. So, wie ich es momentan tue. Wenn uns etwas festhält, kann dieser Weg sehr lang und schwierig werden. Man geht und geht und kommt doch nicht an. Aber es gibt wunderbare Hilfen. Ich habe viele nette Wesen an meiner Seite. Sie tragen mich. Wir haben immer selbst die Wahl, wie wir diesen Weg gehen. Ich gehe ihn langsam, aber in Frieden. Ich bin noch nicht sicher, etwas hält mich fest. Manchmal machen wir es uns selbst schwer. Manchmal glauben wir, noch gebraucht zu werden. Ich bin sehr müde und weiß, dass ich bald ankommen werde. Das Ziel ist das Licht. Ihr nennt es Tod, es ist aber das Licht. Es leuchtet jedem am Ende seines Lebens. Es empfängt uns in Liebe. Ihr braucht keine Angst zu haben. Ich bin müde, aber mein Licht leuchtet mir den Weg. Jeder findet ihn, irgendwann. Weil er so hell ist. Bald bin ich am Ziel und an einem neuen Anfang."

Tatsächlich ist Henry, wenige Wochen nachdem er diese Zeilen „geschrieben" hat, von uns gegangen. Wie ich seine letzten Stunden erlebt habe, können Sie im Kapitel „Tipps und Rituale für den Sterbebegleiter" lesen.

Lernaufgabe:

- Sich mit dem Sterbeweg befassen.
- Bewusstes Atmen lernen.
- Den Sterbeweg als „Ziel“ akzeptieren.
- Die Angst vor dem Sterben loslassen und immer dort entlang gehen, wo man diese Angst spürt.
- Dem Tier erlauben, seinen eigenen Sterbeweg zu gehen.
- Die Unendlichkeit von Leben und Tod erkennen.

5.

Sinn und Wichtigkeit des Sterbeprozesses

In unserer so auf Äußerlichkeiten orientierten Gesellschaft zählt der viel, der viel hat oder zumindest viel erreicht hat. Wer sein Leben lang viel geleistet hat, viel besitzt und dadurch auch die entsprechende Anerkennung aus der Umwelt erfahren hat, der empfindet am Ende seines Daseins häufig große Not, all das hier zurückzulassen. Die Angst vor dem Tod kann letztlich nur entstehen, weil man nichts von dem mitnehmen kann, was uns doch so vertraut ist und woran wir so sehr hängen. Wir neigen dazu, an dem, was vertraut ist, festzuhalten und zu klammern. Uns sollte bewusst sein, dass Sterben durch dieses Nicht-Loslassen-Können schwieriger wird. Wir müssen also – falls es uns nicht schon im Leben geglückt ist – spätestens am Ende unseres Lebens lernen, gut loszulassen.

In vielen Sinnsprüchen finden wir Wahrheiten des Lebens. Hier trifft der folgende vollendet zu: „Das letzte Hemd hat keine Taschen." Auch das gilt es zu begreifen, wobei wir uns selbst damit doch den größten Gefallen tun, weil uns diese Erkenntnis spätestens im eigenen Sterbeprozess den höchsten Nutzen bringen wird.

Unser gesamtes Leben ist ein Prozess stetigen Wandels. Wir leben in einer Existenz dauerhaften Werdens und Vergehens und sind selbst Teil davon. Können wir dieses Gesetz des Lebens in unser Bewusstsein integrieren, verlieren wir die Angst vor einem Verlust. In unserer modernen Gesellschaft orientieren wir uns in Richtung Zukunft. Der Moment der Gegenwart ist schnell vorbei. Richten wir unsere Aufmerksamkeit in die Zukunft, richten wir sie auch in Richtung des Neubeginns. Wir müssen nur begreifen, dass vor jedem neuen Beginn auch ein Abschied kommt. Wir müssen Altes loslassen, um Neues erreichen bzw. beginnen zu können, denn der Abschied ist die Voraussetzung für den Neubeginn.

Lebt man im Bewusstsein, dass das Leben jeden Moment zu Ende sein kann, heißt es nicht gleichzeitig, dass man verbittert und hoffnungslos durchs Leben gehen muss. Ganz im Gegenteil. Durch dieses Bewusstsein stellt sich viel eher eine tiefe Verbindung mit der Schöpfung und allem, was ist, ein. So wird auch der kleinste Moment im Leben bedeutsam und äußerst wertvoll.

Mit Hilfe unserer Sinne begreifen wir das Leben. Wir sehen, riechen, hören, wir schmecken und fühlen. Doch obwohl unsere Sinne so wunderbar entwickelt sind, können wir, wissenschaftlich nachgewiesen, in Wahrheit nur einen verschwindend geringen Bruchteil der Realität überhaupt wahrnehmen. Um das zu begreifen, schauen wir uns am Beispiel des Atoms nur ein bisher ungelüftetes Geheimnis des Lebens an. Ein Atom ist der kleinste Baustein der Materie. Ganz vereinfacht ausgedrückt, bestehen Atome aus einem Atomkern mit Protonen und Neutronen und einer Hülle aus Elektronen, die um den Atomkern kreisen. Dies ist für die Wissenschaft schon lange kein Geheimnis mehr. Jedoch welche Kraft oder welche geistige Energie dahinter steht, die die Elektronen dazu bringt, stets und unaufhörlich um den Atomkern zu kreisen, ist völlig unklar und mit unseren Sinnen nicht wahrnehmbar.

Die Tibeter begründen diese geistigen Kräfte und für uns unlösbaren Geheimnisse mit der Existenz des groben und feineren Geistes. Sie beschreiben, dass unser Geist im Leben in einer relativ groben Wirklichkeit existiert. Der gröbere Geist kann aber den feineren Geist nicht wahrnehmen. Daher sind die meisten von uns im Leben nur in der Lage, den groben Geist, die grobe Materie wahrzunehmen. Der Sterbeprozess ist deshalb so wichtig, weil der Geist und die Sichtweise des Sterbenden sich vom Groben ins Feinere wandeln. Dieser Prozess ist notwendig, denn am Ende des Lebens kann nur noch das subtile Bewusstsein des Geistes existieren, das allein in der Lage ist, in die nächste Existenz, in der es keine Materie gibt, überzugehen.

Wer begreifen kann, dass all das Materielle überhaupt nicht wichtig ist und die Seele die Reichtümer, die wahren Wert haben, ganz geschützt in sich trägt und sie auch nie wieder verlieren kann, der hat eine immens wichtige Wahrheit gelernt, die das Sterben sicher leichter macht.

Wie schon erwähnt, haben Tiere in der Regel mit dem Loslassen keine Probleme. Ihr Verstand schränkt sie nicht ein, und sie sind mit dem großen Ganzen stets verbunden. Wohingegen wir Menschen in unserer Existenz als Mensch unser Ego erst begreifen müssen, um zu erkennen, wo es uns beschränkt oder einschränkt.

Menschen, die ihre Tiere im Sterben begleiten, bekommen eine wunderbare Gelegenheit zu erfahren, wie leicht man sogar dieses Leben loslassen kann. Wem es dann gelingt, sich nicht beschränken zu lassen, weder durch seinen eigenen Verstand noch durch Beeinflussung von Außen, und alleine seinem Tier die Entscheidung überlässt, wie es seinen Übergang in die nächste Existenz gestaltet, der bekommt ein wunderbares Geschenk.

Wer es gleichzeitig schafft, sein Tier wirklich loszulassen und anzuerkennen, dass für das Tier ein Abschnitt endet, damit seine Seele in einem anderen Dasein weiterexistieren kann, der beweist wahre Liebe.

Für uns stellt der Tod lediglich die Geburt in eine andere Existenz dar. Wir dürfen die beiden Geburten, nämlich die in dieses Leben und aus diesem Leben heraus, durchaus miteinander vergleichen.

Vor der Geburt bereitet sich die werdende Mutter auf dieses einmalige Geschehen vor. Noch lange genug vor dem Geburtstermin informiert sich die werdende Mutter über alles, was mit dem Geburtsgeschehen im Zusammenhang steht. Häufig nehmen werdende Mütter an einem Geburtsvorbereitungskurs teil. Hier lernen Sie unter fachkundiger Anleitung alles über die Geburt und das Baby. Das ist auch gut so; denn wenn man auf eine unbekannte Situation gut vorbereitet ist, dann ist man auch in der Lage – obwohl die Situation neu und ungewohnt ist – sie viel besser zu bewältigen, als wenn man unvorbereitet ist.

Geht auch der Trend immer mehr in Richtung der schmerzfreien, geplanten Geburt, so ist inzwischen klar, wie wichtig es für den kleinen Menschen ist, den natürlichen Geburtsprozess zu durchleben. Im gleichen Moment, in dem die Gebärende mit den natürlichen Geburtsschmerzen – den Wehen – umgehen muss, muss sich das Kind aus der wohligen, vertrauten Atmosphäre des Mutterleibes durch einen sehr engen Kanal ins Leben kämpfen. Durch eine Therapieform, die sich „Rebirthing“ nennt, weiß man, dass für das Kind die Geburt ein sehr einschneidendes Erlebnis ist.

Die Geburt ist ein hoch energetischer Prozess, der mit großen Schmerzen verbundenen ist. Ihnen muss sich die Gebärende stellen, wenn sie ihr Kind natürlich zur Welt bringen möchte. Man weiß heute, dass die Schmerzen unter einer Geburt – wie auch alle anderen Schmerzen – in ihrer Intensität ganz individuell und verschieden stark empfunden werden. Gerade bei einer Geburt lässt sich gut beobachten, dass die Gebärende, die den Wehenschmerz nicht lautlos veratmet, die Schmerzen viel besser verarbeiten kann und sie dadurch längst nicht so schmerzhaft empfindet wie diejenige, die den Schmerz nicht aus sich „herauslassen" kann. Geburtshelfern ist dieser Umstand bekannt. Man sollte also unbedingt erkennen, dass jegliche Schmerzäußerungen, egal in welcher Lebenssituation, durchaus sehr hilfreich sein können.

Ganz wichtig im Zusammenhang mit der Geburt in dieses Leben ist die Tatsache, dass die Gebärende den Geburtsschmerz – und sei er noch so stark und intensiv gewesen – meist schon direkt nach der Geburt vergessen hat. Dies wird jede Mutter bestätigen, die auf natürlichem Weg ein Kind zur Welt gebracht hat. Man erinnert sich lediglich daran, dass es sehr schmerzhaft war. Für die meisten sind es die stärksten Schmerzen, die sie je empfunden haben. Doch obwohl diese Schmerzen so stark sind, kann man sie nicht beschreiben, weil es einfach keinen verlässlichen Vergleich gibt. Beachtet werden sollte auch die Tatsache, dass die Geburt und das Sterben hochenergetische Prozesse sind. Die Geburtsschmerzen, die Mutter und Kind empfinden, sind notwendig, um auf natürlichem Weg in dieses Leben geboren zu werden. Betrachtet man die energetischen Vorgänge, wäre auch eine Möglichkeit, dass die Schmerzen während der Geburt notwendig sind, um die hohe Energie überhaupt aufrechterhalten zu können.

Im Tierreich ist der Prozess der Geburt fast immer ein natürlicher. Gebärende Tiere ertragen die Schmerzen so, wie es die

Natur vorgesehen hat. Ihre Instinkte sind noch intakt. Bei den Menschen gibt es wohl noch einige wenige Naturvölker, deren natürliche Instinkte auch heute noch so weit vorhanden sind, dass sie eine Geburt mit Leichtigkeit überstehen und danach direkt zum Alltagsgeschehen übergehen können.

Selbst im herannahenden Tod bleiben Tieren ihre natürlichen Instinkte noch erhalten. Wenn Wildtiere spüren, dass sie sterben werden, ziehen sie sich in die Natur zurück. Unsere Haustiere sind unsere Partner im Leben und auch im Sterben, daher können sie sich unserem Einfluss nicht entziehen.

Wünschenswert für den Sterbenden ist es, diesen Prozess des Sterbens möglichst bewusst zu erleben. Bewusst darum, weil wir meinen, dass ein bewusst erlebter Sterbeprozess das größtmögliche Wachstum und damit auch die größtmögliche Heilwerdung für die Seele bedeutet.

Lesen Sie, was unser Kater Jakob „Über den Sinn des Sterbeprozesses" zu sagen hat.

„Ihr habt das richtig erkannt. Der Sterbeprozess ist ein ganz wichtiger Entwicklungs-Prozess; und keiner kann sich ihm letztlich entziehen! Jeder gestaltet ihn so, wie er dazu in der Lage ist und wie es zu ihm und seiner Entwicklung passt. Je nachdem wie sich der Sterbende dieser Aufgabe öffnen kann, die ihn da erwartet, wird auch das Ergebnis sein.

Wir kommen in diese Welt durch einen engen Kanal und verlassen sie auf ähnliche Weise. Um in diesen, nennen wir ihn ruhig „Kanal", der in die andere Existenz führt, zu gelangen, müssen wir uns erst unseres Körpers entledigen. Der war nämlich nur für diese Welt geschaffen, ist in der neuen Welt nutzlos und hat dort auch keinen Platz. Für den, der stirbt, hat er seinen Dienst getan und ist unbrauchbar geworden.

Ihr trauert nach dem Tod um die Verstorbenen. Das ist richtig und auch gut so. Doch trauert um das, was das Leben ausgemacht hat, um das, was für euch dann nicht mehr so sichtbar ist, wie ihr es gewohnt wart, trotzdem aber unsterblich ist.

Die körperliche Hülle wird bestattet, verbrannt oder verwertet; ihr seid da sehr erfinderisch. Obwohl es doch eigentlich so unwichtig ist; denn es handelt sich nur um die körperliche Hülle. Sie hat im Leben die Seele geschützt in sich getragen. Nachdem die Seele den Körper verlassen hat, hat sie den gleichen Wert wie eine leere Pralinenschachtel. Das, woran ihr euch in der Pralinenschachtel einst erfreut habt, ist nicht mehr darin.

Auch braucht ihr euch keine Sorgen zu machen, dass man im Sterben vielleicht alleine ist. In Wirklichkeit ist es ganz anders. Jeder Sterbende wird von engelgleichen Wesen in Empfang genommen. Wer an sie glaubt, kann sie sehen und fühlen. Wir Tiere haben damit keine Schwierigkeiten, können wir diese Wesen doch alle schon im Leben wahrnehmen. Sie sind unsere Freunde, die uns an die Hand nehmen und uns in die neue Existenz begleiten. Wir werden uns niemals alleine fühlen. Gelingt es euch zu begreifen, dass nichts, was wirklich wichtig ist, verlorengehen kann, dann seid ihr gewappnet, um auch die letzten Schritte im Leben gestärkt und bewusst zu gehen. Fast so wie den Antritt der Reise, die euch in das wirkliche Zuhause bringt.

Seid gewiss, es erwartet auch eine Existenz, die frei ist von allen Beschränkungen, die euch in diesem Leben oft so hart geprüft haben. Es wirkt Liebe und nur die reine, wahre Liebe. Und ihr seid alle Teil von ihr."

Lernaufgabe:

- Materiellem nur den Wert einräumen, den es tatsächlich hat.
- Versuche das loszulassen, was losgelassen werden sollte.
- Akzeptieren, dass der Tod jederzeit in Erscheinung treten kann.
- Anerkennen, dass die Seele unsterblich ist.
- Gute Beobachtung und sich auf die Situation einlassen, hilft zu erkennen, welchen Weg das Tier wählt.

6.

Die Einleitung in die Sterbephasen

Aus der modernen Sterbeforschung wissen wir, dass das Sterben in verschiedenen Phasen abläuft. Schaut man sich diese Phasen an und vergleicht sie mit dem Leben, erkennt man, dass ebenso viele Prozesse des Lebens in Phasen verlaufen. Auch kennt man das Erleben solcher Phasen von Menschen, die schwere Krankheiten durchleiden. So durchlebt auch der Sterbende im Sterbeprozess verschiedene Phasen.

Nach unseren Beobachtungen kann man während des Sterbevorgangs fünf Phasen erkennen. Sie können jeweils unterschiedlich lang dauern, und möglicherweise kann man die eine oder andere Phase nicht wahrnehmen. Jedoch durchläuft sie jeder Sterbende, auch wenn man sie von außen nicht wahrnehmen kann. Diese Phasen können in Sekunden ablaufen, z.B. im Fall eines Unfalls, können aber auch Wochen oder Monate dauern.

Wie das sterbende Tier diese Phasen erlebt, können wir nicht genau sagen. Wir wissen aber aus vielen Begleitungen sterbender Tiere, dass sich die Sterbeprozesse in ihren Abläufen ähneln. Sie sterben häufig viel leichter als Menschen. Dieser Umstand kann auch darin begründet liegen, dass unser gesamtes Erleben als Mensch sich doch ganz anders als das Erleben unserer Tiere darstellt. Ihnen gelingt es ohne Anstrengung, viel mehr im Augenblick, im Jetzt, zu leben und sich in der Regel keine Sorgen um das Morgen zu machen.

Trotzdem ist es ganz wichtig zu beachten, dass es auch hier kein festes Schema gibt. Die Beschreibungen der Sterbephasen im Anschluss sollen ein Hinweis sein. Mit Hilfe der Darstellung kann es gelingen zu verstehen, in welcher Phase das sterbende Tier sich befindet. Am wichtigsten ist es zu erkennen, dass nach und nach die körperlichen Funktionen des Lebens nachlassen. Doch im gleichen Maße wie diese körperlichen Funktionen, die zum Leben gehören, nachlassen, werden die Sinne, die in der nächsten Dimension wichtig sind, nach und nach wacher.

Bei der Beschreibung der Sterbephasen orientieren wir uns stark an den von Dr. Rosina Sonnenschmidt beschriebenen Stationen. Ihre Schilderung haben wir verbunden mit unseren eigenen Beobachtungen.

Wann genau Sterben beginnt, lässt sich in den wenigsten Fällen auf den ersten Blick erkennen. Doch in jedem Fall ist es sehr hilfreich, über die Phasen des Sterbens Bescheid zu wissen; denn dieses Wissen über die Sterbephasen macht es dem Tierfreund leichter, sich bewusster auf das Sterben einzulassen. Es lässt erahnen, dass dahinter ein uralter Prozess steht, der, wie die Geburt, zwar bei jedem individuell, aber immer wieder nach dem gleichen Muster abläuft.

Das Sterben bewusst zu erleben, ist nach unserer Ansicht das Geheimnis des „guten Sterbens“. Wenn wir unseren Tieren in ihrer letzten Phase des gemeinsamen Lebens zur Seite stehen, so ist dies der größte Liebesbeweis, den wir ihnen geben können. Wenn wir offen sind und uns in jeder Situation fragen, was sich das Tier jetzt von uns wünscht, dann machen wir ihm ein wunderbares

Geschenk. Wichtig ist auch, alles, was wir in dieser Situation tun, bewusst zu tun; denn nur, wenn wir bewusst erleben und handeln, handeln wir von ganzem Herzen. Und nur was wir von Herzen tun, geht auch zu Herzen.

Die Sterbephasen

Damit sich jeder die Sterbephasen bildhaft vorstellen kann, vergleichen wir das Sterben und die Sterbephasen mit einem Weg, der durch eine imaginäre Landschaft führt. Diese Landschaft bezeichnen wir als Seelenlandschaft. Der Weg, der durch die Seelenlandschaft unserer tierischen Freunde führt, endet an der sogenannten „Regenbogenbrücke", über die jeder Sterbende geht. Es ist der Weg, der den Sterbenden in (s)eine neue Dimension führt.

Wir haben versucht, den Sterbeweg und die Sterbephasen durch eine Geschichte zu veranschaulichen. Das gibt Ihnen die Möglichkeit, sich die einzelnen Phasen besser einzuprägen und zu verstehen. Wir laden sie jetzt ein, unsere beiden Phantasietiere, den Hund Rufus und die Katze Sunny, auf ihrem Weg durch die Sterbephasen zu begleiten.

Der Sterbeweg beginnt am sogenannten **Scheide- oder Entscheidungsweg**.

Alle energetischen Elemente, aus denen jedes Lebewesen besteht, Feuer, Wasser, Erde und Luft, befinden sich zu diesem Zeitpunkt in Rufus und Sunny noch in Harmonie. Aber etwas in ihnen ist kaum merklich in Bewegung gekommen, und so stehen die beiden gemeinsam am Beginn eines Weges, der entweder zurück ins Leben oder aber ins Sterben führt.

Die Reise beginnt im Tal des Lebens von Rufus und Sunny, direkt vor deren Haustür. Die beiden leben schon seit vierzehn Jahren zusammen bei ihrem Menschen. Rufus ist gerade vierzehn geworden und Sunny ist sogar schon zwanzig Jahre alt. Es ist Spätsommer. Rufus hat seinen Rundgang ums Haus beendet, und Sunny ist gerade von ihrem Mittagschläfchen aufgestanden. Die beiden begegnen sich vor der Haustür, wissend, dass sie sich auf den Weg machen müssen, und laufen frohen Mutes los. Aufgrund ihres hohen Alters sind sie nicht mehr so fit wie in jungen Jahren. Ihr Gang ist langsam und gemächlich, ihre Bewegungen wirken steif und ungelenk. „Was wird Herrchen sagen, wenn er merkt, dass wir einfach fortgegangen sind?“, fragt Sunny. „Sicher denkt er, wir machen nur einen kleinen Spaziergang“, erwidert Rufus, dem jeder Schritt sichtlich schwerfällt. Nach wenigen Minuten kommen sie auf einer Apfelbaumwiese an. Sie sehen, dass die Früchte reif sind, aber gleichzeitig entdecken sie, dass die Blätter der Bäume schon recht trocken wirken und beginnen, sich zu verfärben. Sie blicken mit halbgeschlossenen Augen über die Wiese und entdecken an deren Ende zwei Wege. Rufus und Sunny sehen, dass der eine Weg in eine weite, freie und belebte Landschaft führt und der andere in die Ruhe und Abgeschiedenheit eines Waldes. Ihnen ist noch nicht ganz klar, welchen Weg sie wählen werden. Sie wissen aber ganz genau, dass sie sich irgendwann entscheiden müssen, weiterzugehen. „Vielleicht sollten wir noch eine Kleinigkeit essen, bevor wir weitergehen?“, schlägt Rufus vor. „Gute Idee“, erwidert Sunny, und macht sich auf die Suche nach einer leckeren Mahlzeit. Leider sind ihre Jagdqualitäten nicht mehr so gut wie in früheren Jahren, und so müssen sich die beiden mit ein paar Käfern begnügen. Nachdem sie sich etwas gestärkt haben, fangen sie gemeinsam an zu überlegen, welchen Weg sie gehen wollen.

Mögliche Kennzeichen des Scheidewegs:

Es ist noch nicht offensichtlich, dass das Tier am Beginn des Sterbewegs steht.
Die Sinne sind zu diesem Zeitpunkt meistens noch wach und klar.
Es wird noch Nahrung und Flüssigkeit aufgenommen.
Es besteht eine körperliche Schwäche, sei es durch Alter oder Krankheit.
Die Bewegungen fallen schwer.
Der Aktionsradius ist eingeschränkt.
Die Körperfunktionen beginnen nachzulassen.

Hilfestellungen auf dem Scheideweg:

Hinhören und Hinsehen, was das Tier zeigt.
Auf die Wünsche des Tieres achten.
Dem Tier die volle Unterstützung zusichern.
Liebevolle Annahme der Situation.
Die Möglichkeit des Sterbens mit einbeziehen.

Phase „Der Rückzug"

Rufus und Sunny haben, nachdem sie eine Weile auf der Wiese gesessen haben, angefangen laut nachzudenken. „Weißt Du, Sunny", sagt Rufus, „ich bin ganz schön müde geworden. Geht es Dir nicht auch so? Der weite Weg dort hinten, der in den Trubel führt, das ist mir zu viel. Lieber möchte ich mich entspannen und etwas Stille genießen. Lass uns in den Wald gehen." Sunny schaut sich die beiden Wege genau an. Sie sieht erst auf den weiten Weg, der in das pralle Leben führt, und dann auf den Weg, der in die Stille eines Waldes geht. „Ja, Rufus", sagt sie, „lass uns in den Wald gehen und uns ein wenig ausruhen.“ Gesagt, getan. Sie haben ihre Entscheidung getroffen und beginnen, in Richtung Wald zu laufen. Als sie den Wald erreichen, werden sie sofort von seiner Ruhe und seinem Frieden umhüllt. Sie sehen vor sich eine geschützte Stelle, die ihnen Zurückgezogenheit, Versteck und Sicherheit bietet. Dort legen sie sich hin, um etwas zu dösen. Während sie mit geschlossenen Augen die Stille genießen, bemerken sie, dass die Bäume, Sträucher und Blumen des Waldes ein leises Lied für sie summen. „Hör nur, wie schön das klingt“, ruft Sunny. Rufus brummt zufrieden. Er hat das Gefühl, als ob ihn der Gesang des Waldes zudecken würde. Auch die Vögel des Waldes scheinen nur für Rufus und Sunny zu singen. Während sie sich im Halbschlaf dem wunderbaren Gesang hingeben, öffnet sich ihnen zum ersten Mal der Vorhang, der sie auf die andere Seite schauen lässt. Sie sind zuerst etwas erschrocken, dann schauen sie aber wieder und wieder hin. „Es ist schön dort, oder?“, fragt Rufus. „Ja“, erwidert Sunny verträumt. „aber es ist noch ein weiter Weg dorthin. Lass uns noch ein wenig Kraft dafür sammeln.“ Sie spürt ihren Körper, der nicht mehr so recht will und kann, jetzt ziemlich deutlich und fängt an zu schnurren, um sich zu entspannen und die Schmerzen zu vertreiben. Sie bleiben eine Weile liegen und genießen die friedliche Umgebung und die Zuneigung der Natur und ihrer Wesen. Dabei träumen sie von alten Zeiten mit ihren Menschen und gehen in Gedanken noch einmal zu allen Plätzen, die sie so geliebt haben. Dies führt in ihnen zu tiefem Frieden – und sie schlafen ein.

Mögliche Kennzeichen des Weges des Rückzugs:

Das Tier zieht sich zurück, wenn es die Möglichkeit dazu hat.
Es liegt des Öfteren an seinem Lieblingsplatz oder an einer geschützten, abgelegenen Stelle.
Es hört möglicherweise auf zu essen und zu trinken.
Es wird deutlich schwächer und wirkt müde.

Es kann noch in der Lage sein, aufzustehen und seine Tagesgeschäfte zu erledigen.
Schmerzäußerungen, wie Winseln oder Jammern, sind möglich.
Ein intensiver Körpergeruch kann auftreten.

Hilfestellungen in dieser Phase:

Weiterhin Hinhören und Hinsehen, was das Tier zeigt.
Weiterhin auf die Wünsche des Tieres achten.
Weiterhin dem Tier die volle Unterstützung zusichern.
Weiterhin die Situation liebevoll annehmen.
Die Schmerzäußerungen des Tieres als Hilfe zur Selbsthilfe verstehen.
Versuchen, zur Ruhe zu kommen und dem Tier Sicherheit zu vermitteln.
Akzeptieren, wenn das Tier nicht essen oder trinken möchte.
Mit sich und dem Tier ins Reine kommen.
Sich und seinem Tier vergeben, wenn es etwas zu vergeben gibt.
Sein Tier um Vergebung bitten, wenn man ihm im Laufe seines Lebens Unrecht angetan hat.
Gemeinsame Plätze aufsuchen, tatsächlich oder auch nur in Gedanken.
Dem Tier die Möglichkeit geben, sich von seinem Zuhause zu verabschieden.

Phase „Die Entscheidung"

Nachdem Rufus und Sunny ein Weilchen geschlafen haben, wachen sie auf und fühlen plötzlich neue Kräfte in sich. Sie recken und strecken sich, und ihre Augen leuchten. „Du, Sunny, ich habe richtig Lust, ein wenig zu rennen. Was meinst Du?" „Mir geht es ganz genau so. Ich fühle mich wie in meinen besten Tagen“, freut sich Sunny. Die beiden schauen sich an, grinsen und laufen los. Der Waldweg führt zum Fuß eines Hügels, auf den ein Weg hinauf führt. Der Hügel wird von der Abendsonne beschienen, und die beiden fangen an hinaufzulaufen. „Ich bin Erster“, schreit Rufus und fängt an zu rennen. „Nein, ich bin viel schneller als Du“, kreischt Sunny und rennt wie eine Wilde hinter Rufus her. Die Sonne scheint so warm, dass die zwei regelrecht erhitzt werden. Rufus hechelt, und auch Sunny ist es sehr warm geworden in ihrem struppigen Fell. Sie fühlen sich energetisiert von den wärmenden Sonnenstrahlen, und ihre Lebensgeister schlagen Purzelbäume. Nachdem beide ein paar Minuten bergauf gelaufen sind, hält Sunny an und dreht sich um. Sie schaut ins Tal und überlegt kurz, ob sie nicht doch umkehren soll. Auch Rufus bleibt stehen und blickt hinunter. „Ist das nicht ein toller Anblick?“, sagt er, immer noch hechelnd. „Ja“, erwidert Sunny „aber unser Weg führt weiter nach oben.“ „Ich weiß. Aber lass uns noch etwas ganz Verrücktes tun. Etwas, das wir vielleicht nie wieder tun können.“ Sie überlegen, was das wohl sein könnte. Rufus verzieht seine Lefzen zu einem Lachen und sagt: „Ich grabe noch einmal ein Loch, so ein richtig großes.“ „Und ich“, sagt Sunny, „suche eine Maus, eine richtig fette.“ Kurz darauf spritzen die ersten Erdbrocken durch die Luft, und Rufus ist ganz in seiner Baggertätigkeit versunken. Währenddessen hat sich Sunny auf die Suche nach einem besonders großen Mauseloch gemacht. Sie findet es wie im Schlaf, und kurz darauf hat sie eine riesige Maus gefangen. Als sich die beiden wieder treffen, ist es, als ob sie sich noch einen letzten Wunsch erfüllt hätten. Sie strahlen über das ganze Gesicht. Jeder, der die beiden dabei beobachtet hätte, würde nie auf den Gedanken kommen, dass sie sich auf dem Sterbeweg befinden. Sie wirken wie ausgewechselt. Rufus ist noch so erfüllt von seiner Tätigkeit, dass er schon überlegt, was er als Nächstes tun will. Aber Sunny bringt ihn schnell auf den Boden der Tatsachen zurück. „Wir müssen unsere Kräfte für den langen Anstieg aufsparen, Rufus“, sagt die kluge

Katze „Es ist nicht unser Ziel zurückzugehen. Unsere Aufgabe ist der Aufstieg.“ Rufus Augen leuchten, als er sagt: „Wie schön, dass wir das noch erleben durften.“

Mögliche Kennzeichen des Weges der Entscheidung:

Ein plötzliches Aufblühen ist möglich.
Das Tier kann sich wie in seinen besten Zeiten verhalten.
Es kann der Eindruck entstehen, dass das Tier wieder gesund werden könnte.
Ein häufiger Platzwechsel des Tieres ist möglich.
Schmerzäußerungen sind möglich.

Hilfestellungen in dieser Phase:

Weiterhin Hinhören und Hinsehen, was das Tier anzeigt.
Weiterhin auf die Wünsche des Tieres achten.
Weiterhin dem Tier die volle Unterstützung zusichern.
Weiterhin die Situation liebevoll annehmen.
Die Schmerzäußerungen des Tieres als Hilfe zur Selbsthilfe verstehen.
Versuchen, zur Ruhe zu kommen und dem Tier Sicherheit zu vermitteln.
Akzeptieren, wenn das Tier nicht essen oder trinken möchte.

Phase „Die Klarheit“

Sunny und Rufus haben die kurze Zeit des Aufblühens sehr genossen. Sie sind dankbar für dieses Geschenk und wissen doch, dass ihre Richtung klar ist. Sie haben, in stillem Einverständnis mit ihrer Seele, ihre Entscheidung getroffen. Gemeinsam wollen sie auf den Gipfel steigen. Es scheint allerdings fast so, als ob durch ihre kurze „Blütezeit“ viel Kraft verbraucht wurde. Sie sind müder als zuvor und gehen mühsam einen Schritt nach dem anderen. Rufus hechelt heftig, und Sunny läuft wie in Trance, mit steifen, müden Beinen. Als der Weg steiler wird, bleiben beide erst einmal stehen, um tief Luft zu holen. Sie müssen heftig atmen, um genug Sauerstoff zu bekommen, und immer öfter anhalten. Dadurch kommen sie nur langsam vorwärts. Aber was bedeutet in diesem wichtigen Augenblick Zeit? Trotzdem erreichen sie irgendwann die Baumgrenze, und die Landschaft um sie herum wird karg und einfach. „Sieh nur, Rufus“, sagt Sunny, „wir kommen dem Himmel immer näher.“ Rufus schaut nach oben und sieht einen Adler, der über ihren Köpfen kreist. Es sieht fast so aus, als ob er sie auf ihrem Weg begleitet. Das Licht der Landschaft, am Himmel und auch um die Körper der beiden beginnt sich zu verändern, und als sie sich dessen bewusst werden, setzt bei ihnen vor Schreck kurz der Atem aus. Als sie wieder Luft bekommen, sind beide sicher, dass dieses Licht sie führen wird. Es ist hell, und nur sie können es sehen; und vielleicht noch der Adler an ihrer Seite. Je höher sie kommen, desto dünner wird die Luft und desto schwerer fällt ihnen das Atmen. Mittlerweile ist es auch sehr kalt geworden. „Ich habe ganz kalte Füße“, jammert Rufus. „Ich auch. Aber das gehört dazu. Bald werden wir nicht mehr frieren. Halte einfach noch ein wenig aus“, weiß Sunny. Sie ist eine kluge, weise Seele, die diesen Weg schon oft gegangen ist. Trotz großer Erschöpfung gehen sie wie in Trance weiter und weiter. Es scheint fast so, als ob sie den Weg schon ewig kennen würden. Sie sehen vor sich den steilen Gipfel, und ihr Ziel scheint in greifbarer Nähe zu sein. Je weiter sie gehen, desto weniger spüren sie ihre körperliche Schwäche. Sie werden immer mehr erfüllt von einem Gefühl tiefen Friedens und großer Leichtigkeit. Jeder, der sie sehen könnte, wäre erschrocken wegen ihres Aussehens. Aber wer sie jetzt mit Liebe und den inneren Augen betrachtet, der wird etwas ganz anderes sehen. Nämlich einen Hund und eine Katze, die erfüllt sind von Ruhe und Liebe. Sie gehen ihren Weg wie geführt. Sie sehen ihr Ziel mittlerweile klar und deutlich und bewegen sich zielstrebig darauf zu. Rufus spürt kurz einen Stich im Herzen und weiß, dass dieses Gefühl von seinem Menschen kommt, der traurig ist, weil Rufus ihn vermeintlich verlässt. „Herrchen, ich gehe nur woanders hin. Meine Liebe ist trotzdem immer bei Dir. Ich vergesse Dich nicht", sagt er in Gedanken und wünscht sich nichts sehnlicher, als dass sein Mensch seinen Weg verstehen kann. Mittlerweile stehen Rufus und Sunny kurz vor dem Gipfel und schauen in einen strahlenden Himmel hinein.

Mögliche Kennzeichen des Weges der Klarheit:

Kein erkennbarer Lebenswillen mehr.
Schwacher oder schwerer Atem sind möglich.
Unruhe kann sich einstellen.
Die Organe stellen nach und nach ihre Tätigkeit ein.
„Verträumter oder leerer" Augenausdruck des Tieres.
Ruhe und Frieden können spürbar sein.

Hilfestellungen in dieser Phase:

Das Tier vollkommen loslassen.
Das Annehmen der Situation in Ruhe, Frieden und Demut.
Den Dingen ihren Lauf lassen.
Intuition statt rationalem Denken.
Aufkommende Gefühle aufschreiben.
Einfach nur da sein.

Phase „Der Aufbruch“.

Die letzten Meter zum Gipfel werden noch einmal sehr anstrengend. Rufus und Sunny keuchen ein letztes Mal. Dann sehen sie bereits das Gipfelkreuz, über dem ein wunderschöner Regenbogen leuchtet. „Sieh nur, Rufus, ist das nicht ein toller Regenbogen? Den müssen wir noch überqueren, dann sind wir am Ziel.“ Rufus’ Augen leuchten. Mit einem letzten Atemzug bewegen sich die beiden auf den Regenbogen zu und laufen auf die andere Seite. Ihre Schritte werden immer leichter, und als sie auf der anderen Seite angekommen sind, ist nichts mehr wie zuvor. Sie fühlen sich leicht, geradezu schwerelos, jung und vital. „Ich habe gar keine Schmerzen mehr“, jubelt Rufus. Als sie zurückschauen, sehen sie ihre abgelegten Körper dort liegen. Sie sprechen im Stillen ein Dankgebet für ihr vergangenes Leben und für die Körper, die sie in ihrem vergangenen Leben hatten. Sie bleiben in Gedanken noch eine Zeit lang bei ihren Körpern. Große Dankbarkeit erfüllt sie. Sie segnen ihre alten Hüllen, ihr ehemaliges Zuhause, mit großer Freude. „Sunny, wir hatten schöne Körper, findest Du nicht auch?“ „Ja, Rufus, es war unser Zuhause für eine wunderschöne Zeit. Aber nun brauchen wir unsere Körper nicht mehr.“ Sie sehen, wie ihr Mensch sich über ihre toten Körper beugt und weint. Sie schicken ihm im Stillen ein tröstendes Gebet. „Wenn Herrchen wüsste, wie gut es uns jetzt geht“, lacht Rufus. „Er würde sich freuen, singen und tanzen.“ „Ich glaube, er hat das gehört“, freut sich Sunny. „Sieh nur, er zündet für jeden von uns eine Kerze an; und hör’ nur diese wundervolle Musik, die er da für uns spielt.“ Die beiden sind ganz erfüllt von der Abschiedszeremonie und schicken einen Ball aus Licht und Liebe in die Welt, die für viele Jahre ihre Heimat war. Als daraufhin von der anderen Seite ein Gebet zu ihnen zurückkommt, werden sie von einer Welle aus hellem Licht umgeben. „Lass uns weitergehen“, sagt Sunny, „wir haben noch viel vor...“

Hilfestellungen in dieser Phase:

Das Tier vollkommen loslassen.
Ein Gebet für das Tier sprechen.
Das Annehmen der Situation in Ruhe, Frieden und Demut.
Dankbarkeit aussprechen/ausdrücken.
Das Tier noch etwa einen halben Tag an seinem Platz liegen lassen.
Abschied nehmen.

7.

Euthanasie, der leichte Tod?

Beschäftigt man sich mit dem Thema Sterben und Tod unserer Haustiere, begegnet man recht schnell und unweigerlich einem ganz großen Thema, der Euthanasie.

Heutzutage verstehen wir unter Euthanasie die Sterbehilfe für unheilbar Kranke oder auch für jemanden, der sehr schwer verletzt wurde. Man möchte von Schmerzen erlösen und das Sterben abkürzen.

So schwierig und kompliziert sich die Sterbehilfe beim Menschen gestaltet, so selbstverständlich ist sie inzwischen bei unseren Haustieren geworden.

Die philosophischen Wurzeln der Euthanasie reichen bis in das antike Griechenland. Hier wurde zwischen zwei Arten des Todes unterschieden. Einmal dem natürlichen Tod, der sozusagen an der Zeit ist, vergleichbar mit dem Zustand, in den man kommt, wenn man schläft. Daneben gab es noch den vorzeitigen Tod, der ein Leben vor seiner Zeit beendete.

In den frühesten Belegen beschreibt man den „schönen Tod“ so, dass er verhältnismäßig schnell eintritt, ohne eine vorhergehende lange, zehrende Krankheit.

Zu den grundsätzlichen Ansprüchen der Medizin im Zusammenhang mit der Euthanasie gilt bis heute die Zusicherung aus dem Eid des Hippokrates (ca. 400 v. Chr.): „Nie werde ich irgendjemandem, auch auf Verlangen nicht, ein tödliches Mittel verabreichen oder auch nur einen Rat dazu erteilen." Jedoch muss man ehrlich zugeben, dass dieses Verbot der ärztlichen Hilfe zu Tötungshandlungen einer Idealvorstellung entsprach, da im Alltag der Antike die Hilfe zum Tod nicht unbedingt anstößig war.

Hochinteressant ist die Meinung, die Sokrates (ca. 469-399 v. Chr.) zur Euthanasie vertrat. Er verstand unter Euthanasie eine vernünftige Lebensführung, verbunden mit einer rechtzeitigen und richtigen Vorbereitung auf den Tod. Vermutlich meinte er damit, dass derjenige, der sein Leben vernünftig gestaltet und sich mit dem Tod beschäftigt, sich also auf ihn vorbereitet, schon den ersten Schritt in Richtung des „leichten Todes" getan hat. Was versteht Sokrates hier unter „vernünftiger Lebensführung"? Es liegt nahe, dass er eine ethische Lebensführung zur Reinhaltung des Körpers und der Seele meinte. Diese ethische Lebensführung interpretieren wir so, dass jeder so leben sollte, dass er niemandem – auch sich selbst nicht – schadet und zum Wohle aller handelt.

Schauen wir uns an, wie man heutzutage im Zusammenhang mit unseren Tieren mit Euthanasie umgeht.

Im Allgemeinen dürfen wir davon ausgehen, dass Tierärzte – schon im eigenen Interesse – achtsam und behutsam mit diesem Thema umgehen.

Leider mussten wir feststellen, dass inzwischen von den wenigsten der natürliche Todeszeitpunkt als von der Schöpfung vorgesehen anerkannt wird. Schenkt man den Dokumentationen Glauben, dann werden Tiere häufig schon dann eingeschläfert, wenn sie nach schulmedizinischer Meinung austherapiert sind.

Vielfach zu schnell erkennt man kranken Tieren jede Lebensqualität ab und wählt den Weg der Euthanasie. Wichtig wäre – um unüberlegte Entscheidungen, die man später möglicherweise bereuen könnte, zu vermeiden – sich über den Zustand, in dem sich das Tier befindet, in Ruhe klar zu werden.

Man sollte sich ehrlich vergewissert haben, dass dem Tier durch die Euthanasie wirklich geholfen wird und keine egoistischen Motive dahinter stehen. Das Tier legt den Maßstab an. Unbedingt zu vermeiden ist, dass ein Tier eingeschläfert wird, weil sein Besitzer es nicht sehen und ertragen möchte, dass sein Tier stirbt. Tut er es trotzdem, betrügt er in erster Linie das Tier um das Erleben des Sterbeprozesses. Gleichzeitig betrügt er sich selbst um ein tiefes und sein eigenes Leben bereicherndes Erlebnis. Wir meinen, sein Tier im Sterben zu begleiten, ist wohl das größte Geschenk, das man ihm machen kann.

Unsere Erfahrung zeigt, wie wichtig es in erster Linie ist, herauszufinden und dann auch anzuerkennen, welchen Weg das Tier für sich wählt. Die Folgen, wenn der Mensch seinen Willen – möglicherweise auch unbewusst – aus eigennützigen Motiven über die Wünsche des Tieres stellt, kommen dann häufig erst viel später zum Tragen.

Ganz wichtig ist daher, dass der Mensch sich stets neu hinterfragt. Er sollte versuchen herausfinden, ob er die Aufgabe wahrhaft annehmen kann, welche die Situation an ihn stellt. Wir finden, dass der Mensch hier durchaus auch eine ethische und moralische Verpflichtung hat. Nicht nur in den guten Zeiten des Lebens sollte er für sein Tier da sein, auch in den vermeintlich „schlechten“ Zeiten sollte er sein Tier als Partner achten.

Gelingt es, sich auf die neue Situation einzulassen, wird oft recht schnell deutlich, dass es keinen Grund gibt, vorschnelle

Entscheidungen zu treffen. Versuchen Sie, sich immer den nötigen Freiraum und die nötige Zeit einzuräumen, um die Situation aus Sicht des Tieres zu beurteilen. Entscheidend sollte jedoch immer der Wunsch des Tieres sein.

Sicher gibt es Fälle, in denen das Einschläfern eines Tieres eine akzeptable Wahl darstellt. Jedoch darf sich die Euthanasie nicht zu einer Standardlösung entwickeln. Wir meinen, dass man dem Tier nicht pauschal das Erleben des Sterbeprozesses verweigern darf. Doch genau dazu kommt es, wenn das Leben des Tieres vor seinem natürlichen Todeszeitpunkt beendet wird.

Wenn sich der Mensch unsicher ist und meint, nicht erkennen zu können, welchen Weg das Tier für sich gewählt hat, dann kann er über die Tierkommunikation wichtige Antworten bekommen. Tierkommunikation bedeutet, sich auf mentaler Ebene mit Tieren auszutauschen. Auf dieser mentalen Ebene drückt das Tier seine Gedanken, Gefühle und möglicherweise vorhandene Ängste aus. Menschen, die Tierkommunikation erlernt haben und ihre Aufgabe ernst nehmen, gibt es inzwischen immer häufiger. Durch eine solche Tierkommunikation wird oft vieles ganz klar und auch vieles leichter. Besteht Unsicherheit, kann man dann dem Tier wahrhaft gerecht werden, weil man seine wirklichen Wünsche kennt.

Konnte der Mensch die Situation des Tieres ehrlich und offen betrachten und kommt nach reiflicher Überlegung und Abwägung aller wichtigen Gesichtspunkte zu dem Schluss, dass die Euthanasie der richtige Schritt ist, dann darf unter anderem die Wahl des Zeitpunktes nicht außer Acht gelassen werden. Der Grund dafür liegt im Verlauf der Sterbephasen.

Jede Sterbephase lässt den Sterbenden – egal ob Mensch oder Tier – die verschiedensten Empfindungen und Gefühle durchleben. Man weiß von der Sterbephase, die wir als die Phase der Entscheidung bezeichnen, dass sie von einer immensen Kraft und Intensität gekennzeichnet ist. Es liegt wohl gerade an dieser starken Energie, die in dieser Phase wirkt, dass Schmerz- und Narkosemittel ihre volle Wirkung nicht wie gewöhnlich entfalten. Dies kann bedeuten, dass das Einschläfern nur unter erschwerten Bedingungen möglich ist und die verabreichte Menge des Medikamentes erheblich erhöht werden muss. Hinweis für den falschen Zeitpunkt kann auch sein, dass das Tier sich in der Situation heftig wehrt. Allein diesen Umstand zum Wohle aller Beteiligten vermeiden zu wollen, sollte jedem sehr am Herzen liegen. Sehr wichtig ist es, den Zeitpunkt einer Einschläferung gut zu überlegen und erst nach intensiver Beobachtung festzulegen. Möglichst erst dann, wenn die Sterbephase, die wir als die Phase der Klarheit benannt haben, spürbar erreicht wurde.

Wie erkennt man diesen so wichtigen richtigen Zeitpunkt? Ein ganz maßgebliches Zeichen kann eine veränderte Atemaktivität sein. Möglich ist, dass das Tier schwerer, als Sie es von ihm gewohnt sind, atmet. Ein weiteres, mit guter Beobachtung erkennbares Zeichen ist eine Veränderung im Blick des Tieres. Es wirkt abwesend, der Blick geht durch Dinge und Menschen hindurch. Man kann den Eindruck bekommen, dass das Tier bereits einen Blick in die nächste Dimension wirft. Wenn noch andere Tiere in Ihrem Haushalt leben, dann können Sie auch diese in ihrem Verhalten beobachten. In Henrys Sterbeprozess war der tiefe, intensive Blick, mit dem Feli ihn ansah, ein ganz deutlicher Hinweis, dass Henry nun so weit war, einen Schritt weiterzugehen. Tiere, ganz besonders Katzen, sind in der Lage, geistige Wesen wahrzunehmen. Da auch unsere Haustiere von geistigen Wesen an der Pforte in die andere Dimension abgeholt werden, kann der Blick der Tierkameraden die Anwesenheit solcher Wesen durchaus anzeigen. Die verschiedensten Signale können es sein, die beobachtet werden. Seien Sie offen, und achten Sie auf ungewohntes Verhalten. Tiere untereinander kommunizieren auf einer subtilen Ebene. Dadurch wissen sie häufig weit mehr, als wir ihnen in der Regel zutrauen. Es kann auch ein Gefühl der „Ruhe nach dem Sturm“ auftreten, das anzeigt, dass das Tier die hochenergetische Phase der „Entscheidung“ verlassen hat. Wenn Sie unsicher sind und auch nach guter Beobachtung nicht das Gefühl bekommen, einschätzen zu können, an welchem Punkt das Tier in seinem Sterbeprozess steht, nutzen Sie Hilfe von außen. Jeder, der dem Tier nicht so nahe steht wie Sie selbst, wird die Situation wahrscheinlich unbelasteter betrachten und dadurch wertvolle Hinweise geben können.

Soll eine Euthanasie durchgeführt werden, dann sollten einige Aspekte Berücksichtigung finden. Klar ist, dass die Euthanasie den natürlichen Todeszeitpunkt vorwegnimmt. Wir wissen nicht wirklich, welche Nachteile sich für die unsterbliche Seele daraus ergeben. Auch das sollte uns bestärken, der Euthanasie zumindest einen feierlichen und vor allem würdevollen Rahmen zu geben. Wir raten eigentlich immer, das Tier in seinem Zuhause einzuschläfern. Die Tierarztpraxis, als ein ungewohnter, vielleicht auch zu Lebzeiten vom Tier nicht gerne besuchter Ort, sollte zumindest keine erste Wahl darstellen.

Aus Erfahrungsberichten von Tierbesitzern wissen wir, dass auch einige Tierärzte inzwischen erkannt haben, dass es nicht nur zum Vorteil des Tieres und seiner Menschen ist, wenn Sie das Einschläfern eines Tieres nicht in der eigenen Praxis durchführen. In erster Linie sollte dem Tier der Stress des letzten Transportes in die Tierarztpraxis, wenn irgend möglich, erspart bleiben. Darüber hinaus wissen wir, dass der Prozess des Sterbens mit sehr starken Energien verbunden ist; und auch nach dem Todeszeitpunkt sind diese hochenergetischen Vorgänge nicht abgeschlossen. Sie laufen dann ganz still und leise auf einer sehr subtilen Ebene ab. Schon alleine diese Umstände sollten Grund genug sein, auch jeden Tierarzt zu ermutigen, Tiere, soweit durchführbar, in ihrem gewohnten Zuhause einzuschläfern.

Auch ist es inzwischen nicht mehr ungewöhnlich, dass die Initiative durchaus auch von den Tierärzten ausgeht, ein größeres Augenmerk auf die äußeren Rahmenbedingungen bei einer Euthanasie zu legen. Menschen und Tiere können sich, im der Situation angemessen feierlichen Rahmen, bestimmt leichter vom sterbenden Tier verabschieden. In erster Linie ist es wichtig, dem schon vorher erwähnten so wichtigen Zeitpunkt eine große Beachtung zu schenken. Günstig ist es außerdem, wenn eine Atmosphäre der Ruhe einkehren kann. Darüber hinaus helfen eine gedämpfte Raumbeleuchtung oder Kerzenlicht, leise, beruhigende Musik sowie ein angenehmer Raumduft Mensch und Tier, die schwere Situation leichter zu bewältigen. Wird außerdem spürbar, dass alle Menschen und Tiere beim Abschied mit ganzem Herzen teilhaben, dann sind die Voraussetzungen geschaffen, die ein Tier sicher merklich leichter gehen lassen.

Das sterbende Tier kennt bereits seinen Weg. Wem könnte es schaden, wenn man ihm den Rahmen bietet, in dem es wahrhaft spüren kann, dass es bis zu seinem letzten Atemzug unterstützt wird, um sein Leben in Würde abschließen zu können? Die Euthanasie im normalen Praxisalltag, zwischen Kastration, verletzter Pfote, Augenentzündung und Impfung, sollte daher nur in absoluten Ausnahmefällen durchgeführt werden. Es ist für den letzten Abschnitt des Tieres sicher hilfreich, wenn es spürt, dass seine Menschen die Euthanasie in einem der Bedeutung entsprechenden feierlichen und würdevollen Rahmen durchführen lassen. Verbunden mit einem schönen Abschiedsritual, durch das die Menschen ihr Tier schon ein wenig loslassen konnten, wird dem Tier eine Umgebung geboten, in dem es die Möglichkeit erhält, ruhig und sanft einschlafen zu können.

Beurteilen Sie selbst, wer bei der Euthanasie anwesend sein soll. Für das Tier ist es eine große Hilfe, wenn sein Mensch es in den Armen hält oder zumindest bei ihm sitzt und es seine körperliche Nähe spürt.

Vielleicht lassen Sie leise, entspannende Musik abspielen. Auch Kerzenlicht vermag eine würdevolle Atmosphäre zu schaffen. Ätherische Öle – in diesem Fall Rosen-Öl – in einer Duftlampe verwendet, geben dem Raum eine friedliche und ruhige Stimmung. Sie hilft nicht nur dem Tier, sondern auch den Anwesenden gelingt es, sich durch den Duft besser auf die Stille einzulassen. Bieten Sie dem Tier alle Erleichterung an, die es in seiner Situation haben möchte. Sie werden bestimmt spüren, was Ihrem Tier in dieser Phase wirklich hilft.

Sollten Kinder in der Familie leben, ist es meist besser, die Kinder nicht auszuschließen. Kinder können den Tod eines Tieres oft viel besser begreifen, wenn sie Gelegenheit bekommen, sich von dem Tier zu verabschieden. Es gibt keine Gründe – es sei denn, das Kind lehnt es ab – warum ein Kind beim Sterben eines Tieres nicht anwesend sein sollte. Wird die Euthanasie in einem, wie vorher schon beschriebenen, würdevollen Rahmen durchgeführt, in dem sich die Menschen nicht leichtfertig verhalten, dann kann ein Kind durch eine solche Erfahrung nur lernen. Wir können in keiner Phase ihres Lebens unsere Kinder vor der Erfahrung des Todes schützen. Ihn zu verdrängen und nicht wahrhaben zu wollen, führt bei unseren Kindern häufig nur zu unnötigen Ängsten. Vor diesen Ängsten können Erwachsene ihre Kinder bewahren.

Nachdem der Tierarzt den Tod des Tieres festgestellt hat, gilt auch im Falle einer Euthanasie, dass es hilfreich ist, das tote Tier noch für einige Stunden an seinem Platz liegen zu lassen. Wir finden dies sehr wichtig, weil lediglich die für uns messbaren Lebenszeichen nicht mehr vorhanden sind. Jedoch ist die Zellatmung noch nicht abgeschlossen. Erst nach und nach weicht das Leben aus dem Tier; und auf der Energieebene, mit der wir im normalen Alltagsleben nicht wirklich vertraut sind, spielt sich noch viel ab. Unabhängig davon, ob wir es wahrnehmen können oder nicht.

Betten Sie das verstorbene Tier – falls nicht schon vorher geschehen – auf eine Decke unter der sich eine wasserfeste Unterlage befindet. Es ist möglich, dass aus dem toten Körper zu einem späteren Zeitpunkt Körperflüssigkeiten austreten. Das ist völlig normal und sollte nicht erschrecken.

Wenn es den Menschen gelingt, still zu sein und die Vorgänge in Liebe zu beobachten, die jetzt auf einer ganz subtilen Ebene ablaufen, dann können Sie möglicherweise wahrnehmen, wenn die Seele des Tieres seinen Körper verlassen hat. Erst nach einer angemessenen Zeit sollten Sie die Bestattung, Einäscherung oder was immer Sie sich für Ihr verstorbenes Tier wünschen beauftragen.

8.

Wie begleite ich ein Tier beim Sterben?

Genau wie das gesamte Thema, lässt sich auch diese Frage nicht pauschal beantworten. So individuell wie jedes Tier ist und gelebt hat, so individuell wird sich auch sein Sterben gestalten. Sein Mensch sollte offen sein und jede Situation – egal wie sie kommt – liebevoll anzunehmen versuchen.

Hat das Tier seinen Weg gewählt und der Mensch weiß, dass es sterben wird, sollte in erster Linie versucht werden, Ruhe zu bewahren.

Wir sind bereits darauf eingegangen, dass der Mensch den Tod niemals verhindern können wird. Auch der Tod stellt immer eine Möglichkeit der Heilwerdung dar und darf als das angesehen werden, was er ist: Ein göttlicher Weg.

Der Mensch sollte die Entscheidung des Tieres akzeptieren und ihm alle Unterstützung angedeihen lassen, die es benötigt, um diesen Weg gut zu gehen.

Gute Beobachtung ist das A und O. Die Situationen sollten individuell immer neu betrachtet werden, und es sollte stets im Sinne des Tieres gehandelt werden.

Sobald das Tier begonnen hat, seinen Sterbeweg zu beschreiten, ist gleichzeitig klar, dass die Seele sich immer mehr aus dem

Körper löst. Die Funktionen des Körpers lassen zwangsläufig nach. Wir beschreiben im Folgenden einige Situationen, die sich zeigen können, und bieten Möglichkeiten an, wie man damit umgehen kann. Doch auch hier muss die Situation immer ganz individuell betrachtet werden. Was für den einen machbar und tragbar ist, ist für den anderen unvorstellbar. Wichtig ist, dass man sich nicht unter Druck setzen lässt und versucht, jeden Zustand mit den Augen des Tieres zu betrachten; denn dadurch bietet sich die Chance, dem Tier die Hilfe anzubieten, die es in der jeweiligen Situation wirklich benötigt.

Die nachfolgenden Tipps sind nicht allgemeingültig. Sie sind als Hinweis gedacht, um den Prozess des Sterbens besser zu verstehen. Trotzdem sollten sie niemanden dazu verleiten, sich in eine Situation zu bringen, der man nicht gewachsen ist. In einem solchen Fall ist es immer sinnvoll, sich Unterstützung zu suchen. Dies kann jemand sein, der beruflich mit Sterbebegleitung arbeitet oder auch jeder andere, der mit diesem Thema vertraut ist.

In unserer Praxis arbeiten wir mit unterschiedlichen energetischen Therapien, die alle auch in der Sterbebegleitung eingesetzt werden können. Die wichtigsten sind hier die Homöopathie, Bach-Blüten, Farb- und Musiktherapie, Reiki und Heilsteine. Jede dieser Therapieformen kann individuell und je nach Situation zum Einsatz kommen und dadurch das sterbende Tier sowie seinen Begleiter unterstützen.

Um herauszufinden, welche Unterstützung das Tier braucht, benötigen wir zum einen durch den menschlichen Begleiter alle wichtigen Informationen über den Zustand des Tieres; zum anderen bedienen wir uns der Tierkommunikation oder der „Sensitiven Radionik“, um uns ein Bild von der Situation des Tieres zu machen. Hierdurch gelingt es häufig, Informationen zu bekommen, die über die reine Beobachtung des Tieres nicht wahrgenommen werden können.

Hier bietet uns die „Sensitive Radionik“ vielfältige Möglichkeiten, um das Tier zu unterstützen. Die „Sensitive Radionik“ kann mit bioenergetischen Testverfahren verglichen werden. Sie ermöglicht uns unter anderem, im Energiefeld des Tieres festzustellen, welche Therapie oder auch welches Mittel in Resonanz mit seiner augenblicklichen Situation stehen.

Bei der Kommunikation mit dem Tier erfahren und erspüren wir, wie es sich fühlt. Auf der mentalen Ebene verbinden wir uns mit dem Tier, und es kann uns so wertvolle Hinweise geben und uns mitteilen, was es möchte und was es für Bedürfnisse hat. Dem begleitenden Menschen bietet sich hierdurch gleichzeitig eine wunderbare Möglichkeit, im Sinne seines Tieres zu handeln und es besser zu verstehen. Wenn er es möchte, kann der Mensch durch die Tierkommunikation seinem Tier Botschaften zukommen lassen.

Wofür auch immer das Tier sich entscheidet, ob es ein homöopathisches Mittel ist, eine oder mehrere Bach-Blüten, eine Farblichtbestrahlung oder eine andere Therapie – wir respektieren seine Wünsche auf dem Weg in seine neue Dimension. Das gilt auch, wenn es gar nichts benötigt, nur seine Ruhe und seinen Frieden. In einem solchen Fall helfen die Begleiter bereits mit einem Gebet, liebevoller Zuwendung oder auch einer passenden Affirmation auf seinem Weg.

Der ständige Kontakt und die Gespräche mit dem Menschen sind das Fundament der Sterbebegleitung. Es verleiht dem Menschen die Kraft, sich der Situation zu stellen und sein Tier auf seine Weise gehen zu lassen.

Doch bevor wir uns mit den Situationen befassen, die sich im Sterbeprozess Ihres Tieres zeigen können, möchten wir noch einmal darauf hinweisen, dass die Sterbebegleitung für ein Tier keine einfache Aufgabe darstellt. Sterben verläuft immer anders, so dass man sich hier auch an keinen festgeschriebenen Regeln orientieren kann. Man sollte nicht grundsätzlich davon ausgehen, dass Tiere beim Sterben einfach ganz friedlich „einschlafen". Wie schon beschrieben, ist der Sterbeprozess ein sehr kraftvolles, hoch energetisches Geschehen. Dies ist auch notwendig, denn ist es doch der Prozess, mit dem sich die Energie, die wir als Seele bezeichnen, vom Körper löst. So wie für den Säugling die Geburt ein sehr anstrengender Prozess ist, so kann auch der Sterbeprozess für das Tier ein ziemlich hartes Stück Arbeit darstellen. Der Geburtsprozess muss, wie auch der Sterbeprozess, bis zum Ende durchgehalten werden. Eine normal verlaufende natürliche Geburt muss bis zum Schluss ausgehalten werden. Gleiches gilt für den natürlichen Sterbeprozess. Auch ihn kann man nicht einfach – wenn es einem zu schwer erscheint – vorzeitig beenden. Wir müssen uns bei der Begleitung eines sterbenden Tieres immer vergegenwärtigen, dass unsere Beobachtungen selbstverständlich als zum Leben gehörend interpretiert werden können. Wie unsere Beobachtungen vom sterbenden Tier empfunden werden, können wir nicht beurteilen. Jedoch sollten Sie vorbereitet sein, dass Sie in der Sterbebegleitung Situationen erleben werden, die Sie mit anderen Augen zu sehen versuchen sollten. Auf das schon sprichwörtliche „letzte Aufbäumen" sollten Sie gefasst sein. Vielleicht können Sie diese Aktionen als eine Art „Wehenbewegungen" annehmen, an deren Ende für das Tier der Übergang in die neue Existenz abgeschlossen ist.

Grundsätzlich gelten folgende Hinweise im Sterben, aber auch bereits im Leben

- Ziehen Sie immer die Möglichkeit in Betracht, dass auch Sterben der Weg sein könnte.
- Versuchen Sie, stets offen zu sein für die Bedürfnisse Ihres Tieres und achten Sie diese.
- Beobachten Sie gut, um zu erkennen, was Ihnen Ihr Tier zeigt.
- Sichern Sie Ihrem Tier in jeder Phase Ihre volle Unterstützung zu.
- Auch wenn es schwer erscheint, versuchen Sie, die Situation liebevoll anzunehmen und Ruhe zu bewahren, um Ihrem Tier dadurch Sicherheit zu bieten.
- Lassen Sie, wenn keine medizinischen Maßnahmen mehr möglich sind, den Dingen ihren Lauf und erkennen Sie, dass man im Grunde genommen nur da sein kann.
- Versuchen Sie, eher auf Ihre Intuition zu hören als rational zu handeln.
- Notieren Sie sich aufkommende Gefühle, um so möglicherweise zu einem späteren Zeitpunkt wertvolle Hinweise zu bekommen.

Auch wenn die im Folgenden beschriebenen Situationen so wenig dem bisherigen gemeinsamen Leben entsprechen, sollte sich der Mensch klar darüber werden, wie wichtig diese Phase im gemeinsamen Leben mit seinem Tier ist – und vor allem wie wichtig für das Tier selbst. Versuchen Sie, die gemeinsame Zeit mit dem Tier nach seinen Möglichkeiten zu gestalten, und erleben Sie jeden einzelnen Moment in voller Bewusstheit.

Das Tier braucht mehr Ruhe, schläft auffallend viel, zieht sich häufiger zurück und nimmt nicht wie gewohnt am Leben teil.

Solche Phasen kennen Sie sicher bereits. Es ist durchaus ganz normal, dass unsere Tiere sich nicht immer gleich gut fühlen. Wenn Sie merken, dass Ihr Tier häufiger eine Pause oder auch längere Schlafphasen benötigt, dann ermöglichen Sie Ihrem Tier – wann immer es das mag – sich zurückzuziehen.

Ist Ihr Tier schwach, weil es alt oder bereits lange schwer erkrankt ist, gilt zunächst auch, ihm die Phasen zur Erholung zu ermöglichen. Es braucht diese Ruhephasen, um Kraft zu schöpfen. Hilfreich kann es sein, dem Tier neue Ruheplätze anzubieten.

Das Tier wird zunehmend schwächer

In erster Linie gilt es, von fachkundiger Seite abzuklären, ob es sich hier um eine behandlungsbedürftige Krankheit oder um einen normalen, altersbedingten Prozess handelt.

In jedem Fall sollten die Liege- und Schlafplätze des Tieres verletzungssicher gestaltet sein. Liegt Ihr Tier zum Beispiel gerne erhöht auf einer Couch, legen Sie eine Decke davor auf den Boden, so dass es sich nicht verletzen kann, wenn es aufstehen möchte.

Das Tier ist sehr unruhig

Da der Sterbeprozess neben den körperlichen Symptomen auch ein Vorgang ist, der von ganz starken Emotionen begleitet wird, ist es ganz natürlich, dass in dieser Situation oft mit Unruhe reagiert wird.

Als erster Schritt sollte versucht werden, die Unruhe zuzulassen. Versuchen Sie so, in diesem Geschehen ein Stück weit die eigene Unruhe zu erkennen. Lassen Sie sich darauf ein und sehen Sie diese Unruhe auch als eine Chance, mehr über sich selbst zu erfahren. Versuchen Sie zu erspüren, was die Unruhe des Tieres in Ihnen selbst auslöst. Schauen Sie sich die aufkommenden Gefühle in Ruhe an, und erkennen Sie, dass dieser Zustand zumindest auch ein Teil von Ihnen ist. Weil er auch ein Stück weit zu Ihnen selbst gehört, sollte er zugelassen werden; denn diese Gefühle zuzulassen, ist in jedem Fall besser, als sie – mit welchen Mitteln auch immer – bekämpfen und damit unterdrücken zu wollen. Wenn Sie so auf die Unruhe reagieren können, akzeptieren Sie die Situation im gleichen Maß. Damit zeigen Sie Ihrem Tier, dass Sie seine Gefühle und Ängste ernst nehmen und respektieren, weil Sie verantwortlich handeln, indem Sie sich Klarheit darüber verschaffen, was zu Ihnen und was zu Ihrem Tier gehört.

Ganz wichtig ist zu erkennen, dass – egal wie groß sich die Unruhe im Äußeren auch darstellt – im innersten Kern immer Ruhe und Frieden herrschen. Versuchen Sie, die Ruhe hinter der Unruhe zu erspüren, indem Sie sich einen Wirbelsturm vorstellen. Außen herrscht vollkommenes Chaos, jedoch im Innersten ist vollkommene Stille. Versuchen Sie, sich diese Stille im Innersten vorzustellen.

Wenn Sie sich bewusst gemacht haben, dass die Unruhe Ihres Tieres dazu gehört, dass sie ein Stück weit seine und auch Ihre eigene Lebenssituation spiegelt, wird es Ihnen leichter fallen, dem Tier die Ruhe und Sicherheit zu geben, die es in diesem Augenblick benötigt, indem Sie ihm gut und liebevoll zureden und ihm sagen, dass Sie es verstehen und bei ihm sind.

Das Tier wirkt abwesend und scheint durch einen hindurchzublicken.

Während des Sterbeprozesses ist es ein ganz normaler Vorgang, dass der Sterbende zunehmend mit den inneren Augen sieht. Aber auch die äußeren Augen nehmen Dinge wahr, die für andere Menschen unsichtbar bleiben. Sterbende sind ab einem bestimmten Zeitpunkt in der Lage, Wesen aus anderen Dimensionen zu sehen. Die Überlieferungen und auch unsere eigenen Erfahrungen zeigen, dass Tiere immer (hier inbesondere Katzen) in der Lage sind, diese geistigen Wesen zu sehen.

Wenn Sie das Gefühl haben, dass das Tier durch Sie hindurch sieht oder sein Blick leer scheint, können Sie davon ausgehen, dass es bereits einen Blick in die andere Dimension wirft.

Das äußere Erscheinungsbild verändert sich.

Im Sterbeprozess lassen schrittweise alle Funktionen des Körpers nach. Dieser Vorgang ist ganz normal und natürlich, denn der Körper wird zunehmend immer unwichtiger. Die Körperfunktionen, welche die Existenz des Körpers ermöglicht haben, werden nicht mehr benötigt. Jetzt gilt es zu erkennen, dass der Körper seine Aufgabe erfüllt hat und notwendigerweise immer unwichtiger werden muss.

Aus diesen Vorgängen folgt ganz zwangsläufig, dass das äußere Erscheinungsbild des sterbenden Tieres nicht so sein wird, wie Sie es von ihm gewohnt waren. Sein Fell ist vielleicht struppig und unansehnlich. Auch der Geruch, der von dem Tier ausgeht, kann unangenehm sein. Bitte machen Sie sich bewusst, auch wenn das Tier nicht mehr aussieht wie in der Blüte seines Lebens, so ist es trotzdem noch immer das gleiche Wesen. Versuchen Sie, die innere Schönheit des Tieres hinter der äußeren Fassade zu erkennen. Entwickeln Sie den Blick für die wahre Schönheit. Seien Sie stolz auf Ihr Tier, wie es seinen Weg geht, und versuchen Sie, von ihm zu lernen. Schön ist es, wenn es Ihnen in dieser Phase gelingt, die Schönheit der Seele in den Vordergrund zu stellen.

Das Tier zeigt keinen Appetit und mag nicht mehr fressen.

Auf keinen Fall sollte man das Tier zum Fressen zwingen. Nahrung anzubieten, gerne auch Lieblingsspeisen, ist völlig in Ordnung. Trotzdem sollte akzeptiert werden, wenn das Tier auch einstige Lieblingsgerichte nicht mehr mag.

Der Organismus gibt allmählich in seinen Funktionen nach. Die Aufnahme von Nahrung ist wichtig im Leben, jedoch im Sterbeprozess wird diese Nahrungsform immer unwichtiger und kann sogar eher von Nachteil sein.

Das Tier mag nicht mehr trinken.

Auch dieser Umstand ist selbsterklärend, wenn man erkennt, dass der Körper die für das Leben notwendigen Funktionen im Sterben nach und nach einstellt. Lehnt das Tier angebotenes Wasser ab, kann man ihm mit einem nassen Tuch Nase und Mund befeuchten.

Die Gliedmaßen des Tieres sind kalt und man hat den Eindruck, dass es friert.

Mit den nachlassenden Stoffwechselfunktionen des Organismus im Sterbeprozess ist auch eine Veränderung in der Wärmeregulation verbunden. Der Körper ist zunehmend nicht mehr in der Lage, die normale Körpertemperatur hervorzubringen. Auch hierbei handelt es sich um einen ganz natürlichen Vorgang. Die Überlieferungen beschreiben, dass Sterben von unten nach oben verläuft. Die Schlussfolgerung daraus ist, dass die Extremitäten zuerst kalt werden.

Wenn Sie den Eindruck haben, dass die Gliedmaßen Ihres Tieres kühl werden, dann bieten Sie ihm Wärme an. Dies kann ein Platz nahe einer Heizung sein oder vielleicht eine Decke, mit der Sie es sanft zudecken, wenn es dies möchte. Vielleicht wünscht sich Ihr Tier auch Ihre körperliche Nähe und profitiert so von Ihrer Körperwärme. Wenn es das möchte, nehmen Sie es auf den Schoß oder setzen Sie sich zu ihm. Eine weitere Möglichkeit, ihm Wärme auch auf energetischer Basis zukommen zu lassen, bietet die Bestrahlung mit Farblicht. Die einfachste Lösung ist die in vielen Haushalten vorhandene Rotlichtlampe. Achten Sie aber bitte immer darauf, dass sich das Tier jederzeit ohne große Anstrengung der Bestrahlung entziehen kann.

Die Atmung des Tieres verändert sich.

Auch dieser Vorgang ist ein ganz natürlicher im Sterbeprozess. Die Atmung dient dazu, den Körper im Leben mit für ihn unentbehrlichem Sauerstoff zu versorgen. Nach dem Tod sind alle Körperfunktionen eingestellt, gleiches gilt für die Atmung. Wir müssen versuchen zu verstehen, dass die Atmung ganz allmählich weniger werden muss.

Macht die ungewohnte Atemsituation des sterbenden Tieres Angst, dann ist es angebracht, die Situation von einer anderen Seite zu betrachten. Wir können nachvollziehen, dass die Atmung im Sterben verebben muss. Doch scheint es häufig nicht möglich, die veränderte Atmung als einen ganz natürlichen Vorgang geschehen zu lassen. Es ist unvermeidbar, dass sich die äußere

Atmung im Verlauf des Sterbeprozesses zunächst in eine innere Atmung wandelt. Wir dürfen nicht unterstellen, dass die veränderte Atmung dem sterbenden Tier Angst bereitet. Ist es doch eher so, dass in unserem vertrauten Dasein die Atmung existenziell ist. Das sterbende Tier gibt sich auf seinem Sterbeweg den veränderten Atembedingungen hin, ohne sie zu bewerten. Es ist gut möglich, dass für das Tier die uns gewohnte Atemsituation inzwischen unbedeutend geworden ist. Ihm steht die Pforte in die neue Welt bereits weit offen. Möglicherweise ist der Anblick noch ungewohnt, doch wird es, nachdem es seinen Körper vollständig verlassen hat, durch diese Pforte in ein neues Dasein gehen.

Wie in jeder Phase, hilft es dem Tier immer, wenn Sie einfach bei ihm sind und eine Atmosphäre der Ruhe und Anspruchslosigkeit schaffen. Versuchen Sie, Ihrem Tier zu vermitteln, dass Sie es dankbar und in Liebe seinen Weg gehen lassen. Damit schaffen Sie die beste Grundlage, dass es seinen neuen Weg gut weitergehen kann. Seien Sie da, sprechen Sie ruhig und sanft und versuchen Sie, jede Störung von außen zu vermeiden. Sollten Sie dennoch eine möglicherweise veränderte Atmung als Atemnot oder als gehemmte, erstickende Atmung wahrnehmen, können homöopathische Mittel wertvolle Unterstützung bieten.

Doch möchten wir hier erneut darum bitten, in keiner Situation zu viel von sich zu fordern. Wenn Sie unsicher oder ängstlich sind, suchen Sie sich bitte immer fachkundigen Rat. Es hilft Ihnen und Ihrem Tier, wenn statt eines Gefühls der Angst und Unsicherheit Herzensruhe und Demut den Sterbevorgang begleiten.

Wenn Schuldgefühle erwachen

Niemand ist davor sicher, dass nicht zu irgendeinem Zeitpunkt Schuldgefühle auf sich aufmerksam machen. Dies kann zu jedem Zeitpunkt geschehen, schon im Sterbeprozess oder aber auch nach dem Tod des Tieres. Diese Schuldgefühle werden fast jeden mit großer Wahrscheinlichkeit heimsuchen. Bestimmt werden Sie sich in mehr als einer Situation fragen, ob Sie so, wie Sie gehandelt haben, auch wirklich richtig gehandelt haben.

Vielleicht nagen Fragen:
„Hätte ich nicht besser dieses oder jenes noch versuchen sollen?"
„Warum habe ich nicht früher dieses oder jenes getan?"
„Hätte ich dann oder dann nicht etwas unternehmen müssen?"
„Habe ich etwas versäumt?"

Nutzen Sie eventuelle Schuldgefühle, um sich zu prüfen, ob Sie stets wirklich im Sinne des Tieres handeln oder auch gehandelt haben. Wenn die Erfüllung der Bedürfnisse des Tieres oberste Priorität hat oder hatte, besteht kein Grund, den Schuldgefühlen mehr Raum zu geben, als ihnen zusteht. Wenn Sie in der einen oder anderen Situation unsicher sind oder sich auch überfordert fühlen, holen Sie sich Rat und Unterstützung von außen. Wir wissen, ein Tier im Sterben zu begleiten, ist kein Spaziergang und kann nicht einfach so nebenbei erledigt werden. Es kostet wahrhaft viel Kraft, diesen Weg mit einem Tier zu gehen. Daher sollte man auch immer ehrlich zu sich selbst sein und nicht zu viel von sich erwarten. Jeder, der nicht so eng mit dem Tier verbunden ist wie sein Besitzer, kann aufgrund dieser Distanz das Ganze mit etwas Abstand betrachten und dadurch eine gute Hilfestellung bieten. Suchen Sie sich also Unterstützung von außen, die Ihnen helfen kann; Menschen, mit denen Sie sich austauschen können.

Das Sprechen über die Gefühle und Situationen ist sehr wichtig. Scheuen Sie sich also nicht, sich Menschen zur Seite zu holen, die Sie in dieser Zeit unterstützen. Vieles wird leichter, wenn man die Verantwortung für die Entscheidungen, die zu treffen sind, nicht alleine tragen muss.

Wenn Schuldgefühle an Ihnen nagen, deren Ursache in der Vergangenheit liegen, versuchen Sie zu akzeptieren, dass Sie zu dem Zeitpunkt, als Sie so oder so entschieden haben, nach bestem Wissen und Gewissen gehandelt haben. Sie können zu keinem Zeitpunkt von sich erwarten, von Erfahrungen und Wissen zu profitieren, dass Sie in diesem Moment, in dem die Entscheidung zu treffen war, noch nicht besaßen. In der Schule wird man in der vierten Klasse auch keine Klausur schreiben, die den Stoff der zehnten Klasse voraussetzt.

Wie kann eine Sterbebegleitung im Alltag gelingen?

Uns liegt viel daran, deutlich zu machen, dass jeder in seiner individuellen Situation über sich selbst und sein Tier versuchen muss, Klarheit zu erlangen; versuchen muss herauszufinden, wo genau die Bedürfnisse aller Beteiligten liegen. Wir wissen, dass es durchaus viel Kraft und Zeit beanspruchen kann, sein Tier beim Sterben zu begleiten; und da Leben wie Sterben immer individuell und verschieden abläuft, müssen Sie versuchen, die Situationen nach verschiedenen Kriterien zu beurteilen. Sie sollten neben den Bedürfnissen des Tieres immer auch Ihre eigene Situation im Auge behalten.

Ein natürlicher Sterbeprozess kann sich durchaus auch über einige Tage hinziehen. Wenn Sie Ihr Tier nicht alleine und unbeaufsichtigt lassen müssen, dann ist das sicher der Idealzustand. Doch wenn Sie zur Arbeit müssen und niemanden beauftragen können, der sich in Ihrer Abwesenheit um das Tier kümmert, dann sollten Sie versuchen, ganz persönlich für sich Klarheit zu bekommen. Letzten Endes müssen Sie später mit den einst getroffenen Entscheidungen umgehen können. Das Wichtigste ist daher, alle Entscheidungen bewusst und überlegt zu treffen. So bewahren Sie sich auch vor später aufkommenden, dann aber berechtigten Schuldgefühlen.

Wenn Sie, wie wir, die Chance erkennen können, dass es eine einzigartige Gelegenheit ist – auch für sich ganz persönlich – Ihr Tier im Sterben zu begleiten, dann werden Sie sicher alles mögliche unternehmen, diese Zeit auch für Ihr Tier zur freien Verfügung zu haben. Falls es aber trotzdem – aus welchen Gründen auch immer – nicht machbar ist, Ihr Tier selbst zu betreuen, dann fragen Sie jemanden, dem Sie diese Aufgabe anvertrauen können, ob er oder sie sich dazu bereit erklärt. Für den Fall, dass Sie niemanden finden – gleichzeitig aber sicher sind, dass Ihr Tier für die Zeit Ihrer Abwesenheit nicht alleine bleiben kann – gibt es auch hier noch die Möglichkeit, um „professionelle" Unterstützung von außen zu bitten. Bestimmt finden Sie z. B. Tierheilpraktiker oder auch Menschen, die sich vielleicht schon mit Sterbebegleitung beschäftigt haben, die bereit sind, durchgehend oder zumindest in regelmäßigem Abstand nach Ihrem Tier zu sehen.

Eines sollte an dieser Stelle noch einmal erwähnt werden: Seien Sie sich stets im Klaren darüber, dass jeder Abschied von Ihrem Tier der letzte sein könnte. Viele Tiere nutzen die Abwesenheit des Menschen – und sei sie auch noch so kurz – um zu sterben. Wir vermuten, dass sie dann freier von den Bindungen des Lebens sind und es leichter ist – zu gehen.

Wie begleite ich ein Tier beim Sterben, das im Freien lebt oder im Freien sterben möchte?

Tiere, die im Leben schon viel draußen im Freien gewesen sind, zieht es häufig auch im Sterben dorthin. Wildtiere wollen wir hier außer Acht lassen. Von Katzen hört man immer wieder, dass sie sich zum Sterben in die freie Natur zurückziehen. Dies kann verschiedene Gründe haben. Einerseits kann dies daran liegen, dass der Instinkt in ihnen erwacht, sich zurückzuziehen. Andererseits kann es auch sein, dass sie sich im Alleinsein freier fühlen, um das bisherige Leben loszulassen. Genau werden wir das vermutlich nie wissen. Was wir aber können, ist da zu sein und aufmerksam zu beobachten.

Wenn Ihr Tier den Drang verspürt, ins Freie zu gehen, dann folgen Sie ihm – falls es noch alleine laufen kann – und bleiben Sie bei ihm. Achten Sie darauf, dass es seinen Platz im Freien bekommt, den es gerne möchte, aber sorgen Sie ebenfalls dafür, dass auch Sie diesen Ort gut erreichen können. Wenn es die Umstände zulassen, können Sie ihm auch einen eigens zurechtgemachten Platz anbieten. Legen Sie ihm eine Decke hin, auf die es sich selbst legen kann. Falls das Tier nicht mehr mobil ist, bringen Sie es zu dem von ihm gewünschten Platz und betten Sie es, so dass es möglichst bequem liegen kann.

Versuchen Sie, bei Ihrem Tier zu bleiben, zumindest bleiben Sie aber in seiner Nähe, so dass Sie es jederzeit beobachten können. Lassen Sie es im Freien bitte nicht unbeaufsichtigt. Seien Sie genau so präsent, wie es Ihr Tier benötigt. Drängen Sie sich nicht auf, aber lassen Sie es zugleich spüren, dass Sie stets so für es da sind, wie es gut für Ihr Tier ist.

Das Tier zeigt an, dass es Schmerzen hat.

Wenn Sie das Gefühl haben, dass Ihr Tier Schmerzen hat, dann sollten Sie erst einmal versuchen, Ruhe zu bewahren. Grundsätzlich können Schmerzäußerungen immer auch als Hilfe zur Selbsthilfe verstanden werden. Wir wissen heute, dass alleine die Schmerzäußerung hilft, die Intensität des Schmerzes nicht so stark zu empfinden. Wir wissen auch, dass alles, gegen das man sich wehrt – was man ablehnt –, durch die Ablehnung nur noch mehr Nahrung bekommt und größer wird. Der kluge Weg ist es darum, die Situation so anzunehmen, wie sie ist, und eventuell auftretende Schmerzen auch zu äußern.

Eine erste Hilfestellung können Sie bei auftretenden Schmerzen selbst anwenden. Bieten Sie Ihrem Tier die Farbe Blau an. Es kann ein Kissen oder auch eine Decke sein, die Sie auf den Platz des Tieres legen. Von Blau weiß man, dass es in der Lage ist, Schmerzen zu lindern. Bieten Sie Farbe aber in jedem Fall nur so an, dass das Tier sich ihr auch entziehen kann, wenn es sie nicht mehr möchte oder nicht mehr benötigt.

Doch wie in allen Situationen, sollten Sie hier nicht Gefahr laufen, sich oder Ihr Tier zu überfordern. Wenn Sie unsicher sind, holen Sie sich fachkundige Hilfe. Es ist nicht nötig, einen eventuell schmerzhaften Prozess auszuhalten. Uns stehen heute viele Mittel – schulmedizinische oder auch homöopathische – zur Verfügung, die bei Schmerzen wertvolle Dienste leisten. Gleichzeitig kann mit homöopathischen oder anderen alternativen Therapien der seelische Schmerz gelindert werden.

Das Tier kann Kot und Urin nicht mehr halten.

Auch diese Beeinträchtigung ist durchaus normal und sollte nicht erschrecken.

Versuchen Sie, den Liegeplatz des Tieres so einzurichten, dass er leicht gereinigt werden kann. Falls das Malheur passiert ist, tauschen Sie die Unterlage aus. Gehen Sie davon aus, dass es Ihrem Tier selbst sehr unangenehm ist, dass es seine Ausscheidungen nicht mehr kontrollieren kann. Beobachten Sie die Ausscheidungen Ihres Tieres und achten Sie im Besonderen darauf, dass Ihr Tier zumindest Urin noch ausscheidet. Bestärken Sie es, dass es überhaupt nicht schlimm ist, wenn es Kot- oder Urin-Absatz nicht mehr steuern kann. Im Zweifelsfall holen Sie sich medizinische Hilfe, denn es gibt durchaus Tiere, die mit dem Loslassen auf körperlicher Ebene in dieser Situation ihre Schwierigkeiten haben können.

Wir können aus eigenen Erfahrungen sagen, dass einige Tiere genau an diesem Punkt gewissermaßen das Loslassen üben, um sich selbst so auf das große Loslassen vorzubereiten.

Das Tier kann nicht mehr aufstehen.

Auch wenn das Tier nicht mehr aus eigener Kraft aufstehen kann, sollten Sie ihm trotzdem die Möglichkeit geben – wenn es das möchte – noch einmal nach draußen, vielleicht auch an einen Lieblingsplatz, zu gelangen oder es dort hinbringen.

Versuchen Sie, seine Lage bequem einzurichten. Wenn Sie bemerken, dass es seine Position gerne verändern würde, unterstützen Sie es dabei, bis Sie feststellen, dass die Lage wieder in Ordnung ist.

Die Angst des Menschen, wenn das Tier alleine ist

Vielen Menschen fällt es schwer, ihr im Sterben liegendes Tier alleine zu lassen. Das ist verständlich und nachvollziehbar. Doch trotzdem lässt es sich manches Mal nicht vermeiden. Sterben verläuft immer anders und dauert immer unterschiedlich lange. Man kann eigentlich zu keinem Zeitpunkt sagen, wie lange der Sterbevorgang noch dauern wird. Daraus folgt zwangsläufig, dass das Tier auch einmal alleine bleiben muss.

Wenn sich das Tier in einer Phase befindet, in der es ruhig und friedlich erscheint, können Sie es für einen überschaubaren Zeitraum bestimmt alleine lassen. Stellen Sie sicher, dass es an seinem Platz geschützt und bequem liegt. Wenn Sie wissen, dass es Ihr Tier mag, lassen Sie leise Musik abspielen. Vielleicht kennen Sie die musikalischen Vorlieben Ihres Tieres? Falls nicht, spielen Sie etwas, das sanft und beruhigend wirkt.

Bevor Sie gehen, verabschieden Sie sich von Ihrem Tier und sagen Sie ihm, wann Sie zurück sein werden. Dieses Abschiednehmen ist auch darum so wichtig, weil immer die Möglichkeit besteht, dass es ein endgültiger Abschied ist. Während Ihrer Abwesenheit können Sie jederzeit auf mentaler Ebene mit Ihrem Tier Kontakt halten. Sie dürfen sicher sein, dass es diese Kontaktaufnahme spürt.

Wir setzen voraus, dass niemand sein Tier in einem Zustand allein zurücklässt, an dem ganz klar erkennbar ist, dass es nicht alleine bleiben möchte.

Wir erleben eher das Gegenteil. Erfahrungsgemäß ist es häufiger der Fall, das der Besitzer das Tier nicht alleine lassen möchte, weil er befürchtet, das Tier könnte in seiner Abwesenheit sterben. Prüfen Sie sich selbst, ob es Ihre eigene Angst ist, dass Ihr Tier allein sterben könnte, wenn Sie nicht anwesend sind.

Wir sollten hier nicht außer Acht lassen, dass Tiere im Alleinsein oft ihre Chance erkennen zu gehen. Sie spüren dann wohl, so weniger aufgehalten werden zu können.

Sollte der Fall eintreten, dass das Tier in Abwesenheit seines Menschen gegangen ist, besteht kein Grund für Vorwürfe oder irgendeine Art von Schuldgefühlen. Es ist ein bekannter und häufiger Umstand, dass Sterbende die Möglichkeit des Alleinseins nutzen, um zu gehen. Es scheint, dass sie so am wenigsten bei diesem letzten Schritt fest- und somit auch aufgehalten werden können.

Sie befürchten, dass Ihr Tier leidet.

In diese Situation gelangen nicht wenige. Doch sollten wir uns immer wieder klar machen, dass Sterben ein ganz natürlicher Vorgang ist. Werden wir durch die Geburt in dieses Leben geboren, so werden wir durch das Sterben aus dem Leben heraus in ein anderes Dasein geboren.

Ganz sicher gehört der Abschied unseres Tieres zu den großen Herausforderungen des Lebens; und bestimmt leidet man in dieser Situation auch. Das ist ganz natürlich und völlig normal. Wenn Sie das Gefühl bekommen, Ihr Tier könnte leiden, dann ist es an der Zeit, sich selbst genau zu prüfen. Wer leidet wirklich? Ist es wirklich Ihr Tier oder ist es das selbst empfundene Leid, weil klar ist, dass unser Tier gehen wird? Häufig sind es tatsächlich die eigenen Ängste, welche die Befürchtung nähren, das Tier könnte leiden.

Doch auch hier gilt, wie so oft: Wenn Sie sich unsicher sind, holen Sie sich bitte fachkundige Unterstützung. Außenstehende haben häufig eine neutralere Sicht der Dinge, die uns selbst doch so nahe gehen, und können eher Hinweise geben, die im Sinne des Tieres sind.

Mögliche Krampfanfälle

Hier ist wichtig zu wissen, dass Krämpfe nicht immer auftreten müssen. Im Endstadium sind Situationen, die sich in Krämpfen zeigen, aber durchaus möglich.

Dieses Krampfgeschehen können alle Beteiligten – auch das Tier – durchaus ängstigen. Unsere Erfahrungen zeigen, dass alternative Therapien – insbesondere homöopathische Mittel – dem Tier auch in diesen Phasen helfen können, diese Krämpfe zumindest abzuschwächen. Wir raten daher, bei auftretenden Krämpfen, sich fachkundigen Rat eines Tierarztes oder Tierheilpraktikers einzuholen, damit diese Phase von allen Beteiligten leichter bewältigt werden kann.

Umgang mit großen Tieren

Wir sind uns der Problematik durchaus bewusst, die sich in der Sterbebegleitung zeigt, wenn es sich um ein größeres Tier handelt, etwa eine größere Hunderasse oder auch Pferde. Hier ist man auf Unterstützung in jedem Fall angewiesen, da es wahrscheinlich nicht möglich sein wird, alleine ein größeres Tier zu bewegen; zumindest in dem Fall, wenn es sich alleine nicht mehr helfen kann.

Hier kann es gut möglich sein, dass die Euthanasie schneller ins Auge gefasst werden muss, als es bei einem kleineren Tier der Fall wäre.

Solange die Situation für den begleitenden Menschen akzeptabel ist, sollte man das Tier durchaus den natürlichen Sterbeweg gehen lassen. Kann das Tier möglicherweise nicht mehr aufstehen oder ist es nicht mehr in der Lage auszuscheiden, empfiehlt es sich, fachkundige Hilfe durch einen Tierarzt in Anspruch zu nehmen.

Ist die Euthanasie möglicherweise unausweichlich, noch bevor die Sterbephase (die wir als die Phase der „Klarheit" beschrieben haben) erreicht wurde, bitten wir das Tier um Erlaubnis, es einschläfern zu dürfen. Gleichzeitig bitten wir es um Verständnis und um Verzeihung, dass der Weg nicht natürlich bis zum Ende gegangen werden kann. Im Falle der vorzeitigen Euthanasie werden die im Kapitel „Euthanasie, der leichte Tod?" beschriebenen Rituale besonders wichtig.

Auch in diesem Fall erreichen Sie damit, dass Ihr Tier dieses Leben würdevoll beenden darf.

Wie kann ich lernen, ein Tier loszulassen?

In jeder Situation des Lebens sollte man es schon geübt haben: Das Loslassen. Wenn nicht im Leben, so wird man damit spätestens beim Abschied konfrontiert.

Hier gilt es zu erkennen, dass die gemeinsame Zeit endet, und die Motivation sollte sein, diese gemeinsame Zeit zu einem guten Ende zu bringen. Hierzu ist es wichtig, mit sich und dem Tier ins Reine zu kommen. Vergeben Sie sich und Ihrem Tier, wenn es etwas zu vergeben gibt. Wenn Sie das Gefühl haben, dass Sie Ihrem Tier im Laufe seines Lebens Unrecht getan haben, bitten Sie es um Vergebung.

Geben Sie Ihrem Tier die Möglichkeit, sich von seinem Zuhause, der Umgebung, in der es gelebt hat, zu verabschieden. Suchen Sie dazu gemeinsam Plätze auf, von denen Sie wissen, dass Ihr Tier sich an ihnen gerne aufgehalten hat. Sollte es nicht mehr möglich sein, diese Plätze gemeinsam mit Ihrem Tier aufzusuchen, dann genügt es auch, wenn Sie diese Plätze mit ihm in Gedanken besuchen. Geben Sie Ihrem Tier auch die Gelegenheit, sich von seinen Menschen und Tierkameraden, die ihm wichtig waren, zu verabschieden. Diese kleinen Abschiede sind gute Erfahrungen für den dann anstehenden großen Abschied.

Vielleicht gelingt es Ihnen, die Situation in Ruhe, Frieden und Demut anzunehmen. Sprechen Sie ein Gebet für das Tier und versuchen Sie, Ihre Dankbarkeit auszudrücken. Versichern Sie Ihrem Tier, dass es nach seinem Tod einen Platz in Ihrem Herzen haben wird, da aber für immer.

Was kann ich tun, nachdem das Tier gestorben ist?

Auch nachdem das Tier gestorben ist, sind zunächst noch nicht alle Prozesse des Körpers beendet. Auch wenn keine Atemaktivität mehr festgestellt werden kann und das Herz nicht mehr schlägt, so ist zumindest die Zellatmung noch nicht abgeschlossen. Hilfreich ist in jeden Fall – wenn es denn möglich ist – das Tier noch etwa einen halben Tag an seinem Platz liegen zu lassen.

Betten Sie den Körper des verstorbenen Tieres mitsamt seiner Decke auf eine wasserfeste Unterlage. Unter Umständen können noch Körperflüssigkeiten austreten. Dies ist ganz normal und sollte Sie nicht erschrecken.

Nun ist es an der Zeit, Abschied zu nehmen. Drücken Sie alles aus, was Ihnen noch am Herzen liegt. Versuchen Sie, Ihrer Dankbarkeit Ausdruck zu verleihen, und achten Sie den Weg, den das Tier für sich erwählt hat.

Zünden Sie eine Kerze an. Ihr Licht kann dazu beitragen, dem Tier sinnbildlich den Weg ins Licht zu zeigen.

Wenn Sie es einrichten können, wäre es schön, wenn Sie das Tier vorerst nicht alleine lassen. Möglicherweise können Sie die Veränderung im Ausdruck wahrnehmen, die stattfindet, wenn die Seele den Körper vollständig verlassen hat.

Vermutlich stellt sich dann – trotz aller Trauer – ein Gefühl des Friedens und der Ruhe ein.

Was geschieht mit den sterblichen Überresten nach dem Tod des Tieres?

Nach dem Tod des Tieres stellt sich in jedem Fall die Frage, was mit dem toten Körper geschehen soll. Wurde das Tier beim Tierarzt eingeschläfert, können Sie den Körper in der Tierarztpraxis zurücklassen. Der Tierarzt wird das Tier dann an eine Tierkörperbeseitigungsanstalt weitergeben. Wir möchten hier nicht darauf eingehen, was genau mit den Tierkörpern dort geschieht. Wenn Sie mehr darüber wissen möchten, wenden Sie sich mit Ihren Fragen bitte an einen Tierarzt.

Wenn Sie die Möglichkeit haben, dürfen Sie Ihr Tier auf Ihrem eigenen Grundstück begraben. Zu beachten ist hier, dass es mit einer Erdschicht, die mindestens 50 cm stark sein muss, bedeckt werden soll. Erfragen Sie bei Ihrer zuständigen Stadtverwaltung die geltenden Richtlinien, da es hier unterschiedliche Auflagen zu beachten gibt.

Ist die Bestattung auf dem eigenen Grundstück nicht möglich, dann besteht die Option, das Tier auf einem Tierfriedhof zu bestatten. Eine weitere Alternative stellt die Einäscherung im Tierkrematorium dar.

Bitte beachten Sie unsere Adressenliste im Anhang des Buches.

Aus unseren eigenen Erfahrungen können wir sagen, dass es – egal welche Lösung Sie finden – für das Tier, wenn überhaupt, nur eine untergeordnete Rolle spielt.

Wichtig ist, dass Sie die Lösung finden, die für Sie und Ihre Familie stimmig und richtig ist. Vielleicht brauchen Sie das Grab als eine Stätte der Erinnerung. Vielleicht ist es aber auch überhaupt nicht wichtig. Finden Sie die Lösung, die Ihnen und Ihrer Familie die wichtige Phase der Trauer leichter macht.

Nachdem Henry gestorben war, ließen wir ihn erst einmal unter der Birke in unserem Garten liegen, wo er auch die letzten Sekunden seines Lebens verbracht hatte. Er bot ein absolut friedliches Bild und passte dort hin, so als ob es sein ganz persönlicher Platz wäre. Es schien auch, als würde die Birke wie ein Freund über ihn wachen. Trotzdem spürte ich, dass das, was dort auf der Wiese lag, nur Henrys Körper war. Er selbst befand sich zwar in der Nähe, ich glaubte ihn auf einem Ast der Birke sitzen und lachen zu spüren, aber sein Körper war nur noch eine leere Hülle. Aufgrund des heißen Wetters brachten wir ihn nach zwei Stunden ins Haus und legten ihn auf seinen Lieblingssessel. Er lag auf seiner lila Lieblingsdecke, umgeben von einer Rosenblüte aus unserem Garten und einem Rosenquarz, die beide als Symbol für unsere Liebe, die ihn begleiten sollte, standen. In der darauf folgenden Nacht hielt ich bei ihm Totenwache. Henry lag da, als würde er schlafen. Er sah friedlich aus und vermittelte jedem, der ihn betrachtete, ein positives Gefühl. Es hatte absolut nichts Beängstigendes an sich, die Nacht im gleichen Raum mit einem verstorbenen Tier zu verbringen. Ich spürte, dass es wichtig war, bei ihm zu sein. Mein Gefühl sagte mir aber auch, dass es sehr viel wichtiger für mich, als für ihn war. Am nächsten Morgen begruben wir Henry in unserem Garten. Als Abschiedszeremonie plante ich, ihm von jeder blühenden Pflanze aus unserem Garten eine Blüte ins Grab zu werfen. Jede dieser Blüten sollte als Symbol für einen Wunsch stehen, den ich ihm mit auf den Weg schicken wollte. Während mein Mann das Grab aushob, schnitt ich mit viel Liebe die Blüten und sammelte sie in einer Schale. Als es so weit war, dass Henry in sein Grab gelegt wurde, eingehüllt in ein lila Tuch, musste ich so heftig weinen, dass es mir nicht möglich war, die Blütenzeremonie wie geplant durchzuführen. Ich schüttete die Schale mit den Blüten mit einem Ruck ins Grab und sagte in Gedanken zu Henry: „Entschuldige, es geht nicht anders. Das muss reichen.“ Sofort bekam ich die Antwort: „Das ist in Ordnung.“ Ich war erleichtert, erkannte aber gleichzeitig, dass Beerdigungszeremonien, so ergreifend sie auch sind, sehr viel mehr für die Hinterbliebenen bedeuten als für die Verstorbenen. Das betrifft auch die Gestaltung des Grabes. Über das, was wir auf das Grab von Henry pflanzen oder stellen wollten, hatten wir uns noch keine Gedanken gemacht. Am gleichen Tag fuhr ich in eine Gärtnerei und fand – ohne überhaupt gesucht zu haben – eine wunderschöne Buddha-Statue. Sie steht heute auf Henrys Grab. Wann immer ich sie sehe, erfüllt mich Freude und das Bewusstsein, dass wieder ein Wesen in Frieden gegangen ist.

9.

Tipps und Rituale für den Sterbebegleiter

Viele Menschen haben die Vorstellung, dass ein Sterbebegleiter jemand ist, der sich selbstlos „aufopfert", um andere beim Sterben nicht alleine zu lassen. Für viele Tierbesitzer ist es tatsächlich sehr schwer zu ertragen und kommt einem Opfer gleich, an der Seite ihres Tieres zu sein, wenn es stirbt. Am schwersten ist es, wenn der Sterbeprozess sich über einen längeren Zeitraum hinzieht. Dieser Prozess nimmt sie häufig so sehr mit, dass sie gar nicht genügend Kraft und Ruhe haben, um ihrem Tier wirklich hilfreich zur Seite zu stehen.

In der Sterbebegleitung geht es aber nicht darum, sich zu opfern. Es geht auch nicht darum, es dem Sterbenden nur leichter zu machen oder ihm etwas vorzuspielen. Für den Sterbenden, und das gilt auch für das sterbende Tier, ist es sehr wichtig, dass der Mensch an seiner Seite immer ganz er selbst ist und bleibt – nämlich der Mensch, den das Tier kennt und liebt. Sie können ganz sicher sein, dass ihr Tier um ihre Gefühle weiß; und wenn diese Gefühle Angst, Unsicherheit und Verzweiflung sind, dann wird ihr Tier das spüren. Es erschwert die Situation des Sterbens sehr, wenn diese Gefühle in einer Art „schlechter Komödie" versteckt werden und sie etwas vorspielen, was nicht echt ist. Natürlich gehört auch Optimismus zum Sterbeprozess dazu; aber in erster Linie sollte dieser Prozess von Achtung, Akzeptanz,

Erkenntnis und Ehrlichkeit geprägt sein. Mit dem Wissen, dass das sterbende Tier während seines Sterbeprozesses fühlt, was in seinem Menschen vorgeht, wäre auf jeden Fall ein aufrichtiger Umgang mit ihm angebracht.

Nach unserer Erfahrung ist es in der Sterbebegleitung ganz besonders wichtig und für den Sterbenden am nützlichsten, wenn die Menschen an seiner Seite, neben Mitgefühl und Offenheit für den Sterbenden und seine Situation, Ruhe und Gelassenheit ausstrahlen. Das ist leichter gesagt als getan; denn bevor das möglich wird, muss man selbst erst einmal zur Ruhe kommen. Das ist, gerade in der Sterbesituation, besonders schwer. Wir haben nie gelernt, dass ruhig zu sein – im Sinn von „in seiner Mitte sein“ – ein wichtiges Kriterium im Leben sein kann. Heutzutage scheint es vielmehr so, dass das Gros der Menschen gar nicht mehr zur Ruhe kommen will, weil sie ansonsten das Gefühl haben, etwas zu verpassen. Wie Sie in früheren Kapiteln schon gelesen haben, geht es im Sterbeprozess aber nicht mehr um Äußerlichkeiten. Im Sterben kann man nichts mehr verpassen, außer dem Sterbeprozess selbst.

Wenn Sie zur Mehrheit der Menschen gehören, die in einer solch emotionalen und aufwühlenden Situation nicht auf Knopfdruck ruhig werden können, dann hadern Sie bitte nicht mit sich. Die Sterbesituation bietet dem Begleiter viele Möglichkeiten zu wachsen, auch über sich selbst hinaus; aber er muss nicht alles können und darf auch Schwächen haben und sie sogar zugeben. Scheuen Sie sich nicht, um Hilfe zu bitten, wenn Sie mit der Situation alleine nicht klar kommen. Es gibt inzwischen viele Menschen, die sich mit dem Sterben und der Sterbebegleitung beschäftigen. Mit Hilfe von „Außenstehenden“, die das sterbende Tier nicht persönlich kennen und die nicht direkt beteiligt sind, kann es oft besser gelingen, in seine Mitte zu kommen und so die nötige Ruhe zu erhalten. Diese Hilfe von außen hat zudem den wunderbaren Nebeneffekt, dass Sie sich ganz auf Ihr Tier konzentrieren und ihm nun in Ruhe und Gelassenheit das geben können, was es in dieser Situation benötigt, nämlich ein offenes Herz und wahrhafte Liebe.

Nachfolgend möchten wir Ihnen ein paar Tipps geben und einige Rituale vorstellen, die Ihnen vielleicht dabei helfen können, den schmerzhaften Sterbeprozess gut und zum Wohle für sich und Ihr Tier zu erleben. Wir sind sogar der Meinung, dass es sinnvoll ist, schon zu „Lebenszeiten", d.h. früh genug, damit zu beginnen, einige der vorgestellten Übungen zu praktizieren. Diese Übungen sind nicht nur in der Sterbebegleitung von Nutzen, sondern können in jeder anderen schwierigen Lebenslage zu innerer Ausgeglichenheit führen. Auch Gelassenheit kann man durch regelmäßiges Üben lernen. Solchermaßen vorbereitet, können Sie, wenn die Situation es erfordert, schneller zur Ruhe kommen. Die vorgestellten Übungen helfen übrigens nicht nur dem Sterbebegleiter, sondern auch dem sterbenden Tier, sich zu entspannen und sich ganz der Situation hinzugeben. Suchen Sie sich die Übungen aus, die zu Ihnen passen und die Ihnen angenehm sind. Je wohler Sie sich bei einer Übung fühlen, desto umfassender und „heilender" ist die Wirkung.

Musik hören

Die richtige Musik zur richtigen Zeit kann Wunder wirken. Über die Schwingung von Musik kann sich die Atmosphäre in einem Raum positiv verändern und dadurch ein Gefühl von Frieden eintreten. Suchen Sie sich ein Lied oder ein Musikstück aus, das Ihr Herz erwärmt und Sie froh stimmt. Gut geeignet ist alles, was harmonische, ruhige Klänge beinhaltet. Sehr hilfreich ist Meditationsmusik oder ähnlich Entspannendes. Auch sakrale Musik (z.B. Kirchenmusik), die ja dazu gedacht ist, sich mit dem Göttlichen zu verbinden, kann dem Sterbeprozess eine neue Dimension verleihen. Hier sollte aber auf jeden Fall darauf geachtet werden, dass man nicht des Guten zu viel tut und unnötige Dramatik in den Prozess bringt. Achten Sie bitte darauf, dass die Musik Leichtigkeit vermittelt und nicht noch zusätzlich aufwühlt. Sie sollte immer auch zur Situation und zu den Anwesenden passen.

Lesen

Für die Leseratten unter Ihnen kann es beruhigend sein, in die Welt eines Buches einzutauchen. Wenig empfehlenswert sind im Sterbeprozess große, schwere Werke aus der Weltliteratur. Sinnvoller ist es, Bücher auszuwählen, die ein gutes Gefühl vermitteln, die aufbauen und Kraft geben. Das können durchaus Bücher über das Sterben sein, wie z.B. die von Elisabeth Kübler-Ross oder Bernhard Jakoby, oder Geschichten, die versuchen, Weisheiten zu vermitteln. Hier sind besonders Bücher aus den fernöstlichen Religionen zu empfehlen. Auch Märchen können angebracht sein. Wenn man offen für sie ist, kann man in Märchen Wahrheiten des Lebens entdecken. Sie können das Lesen auch zu einem Ritual machen, indem Sie dem sterbenden Tier etwas vorlesen. Das Vorlesen hat den großen Vorteil, dass man sich wirklich bewusst überlegt, was man (vor)liest, und auch das Lesen selbst wird zu einem ganz besonderen Vorgang. Man fühlt sich in die Kindheit zurückversetzt, in die Zeit, als Mutter oder Vater Geschichten vorgelesen haben, und kann ein zusätzliches Gefühl von Geborgenheit und Wärme bekommen und vermitteln.

Bewegung

In die Natur hinaus zu gehen, gehört mit zu den effektivsten Wegen, um zur Ruhe zu kommen. Es muss keine lange Wanderung sein, die Sie machen. Ein kleiner, wenige Minuten dauernder Spaziergang kann schon ausreichen, um neue Kraft zu tanken. Gehen Sie in Bewusstheit spazieren und achten Sie auf Details, die beim „normalen" Gehen oft gar nicht mehr gesehen werden. Meistens geht man wie in tiefer „Bewusstlosigkeit" durch die Welt und vergisst, dass jedes kleinste Blatt, jedes Tier, die Luft, die Sonne, eben alles, was um uns herum existiert, etwas ganz Besonderes und Einmaliges ist. Betrachten Sie die Natur mit liebevollen, ja liebenden Augen und Sie werden die Liebe spüren, die zurückkommt. Wenn man die Gelegenheit hat, in den Wald zu gehen, kann es hilfreich sein, Kontakt zu einem Baum aufzunehmen, ihn zu berühren und zu umarmen. Bäume, als Symbole der Stärke und des Wachstums, können jedem, der offen dafür ist, ein wunderbares Gefühl von Trost vermitteln und verlorene Kraft zurückgeben. Auch hier gilt es, dem Baum mit Respekt und Achtung zu begegnen, wenn man ihn um Hilfe bittet. Aber Sie können sicher sein, dass Ihrer Bitte immer gerne nachgekommen wird. Wer in Yoga oder Qi-Gong bewandert ist, kann Übungen aus diesem Bereich dazu nutzen, um nicht nur seelische, sondern auch tiefe körperliche Entspannung zu erfahren.

Atemübungen

Der Atem verbindet uns mit dem Leben. Bewusstes und achtsames Atmen kann helfen, den Stress und die Hektik des Alltags und auch der Sterbesituation zu lindern. Der einfachste Weg, mit seiner Atmung in Berührung zu kommen, ist der, sich hinzusetzen und den Atem bewusst zu beobachten. Wenn Sie einatmen, seien Sie sich bewusst, dass Sie einatmen. Spüren Sie den Atem in den Körper strömen und achten Sie auf seinen Weg. Wenn Sie ausatmen, seien Sie sich bewusst, dass Sie ausatmen. Fühlen Sie den Atem aus dem Körper gehen und geben Sie ihm alles mit, was Sie nicht mehr benötigen. Zelebrieren Sie diese Form des sogenannten bewussten Atmens einige Minuten lang und spüren Sie, wie Sie mit jedem Atemzug ruhiger werden. Mittels einer weiteren einfachen Atemübung können Sie ebenfalls versuchen, in Ihre Mitte zu finden. Setzen Sie sich auf einen Stuhl, so dass Ihr Rücken gerade ist und Ihre Füße den Boden berühren. Stellen Sie sich nun vor, wie aus Ihren Fußsohlen Wurzeln aus Licht in die Erde wachsen, die Ihnen Halt und Standfestigkeit geben. Nun atmen Sie die Kraft des Lichtes aus den Wurzeln in Ihren Körper ein und aus Ihrem Herzen wieder aus. Stellen Sie sich vor, dass Sie durch das einströmende Licht gestärkt werden und geben Sie dem ausströmenden Licht alles mit, was Sie in diesem Moment belastet. Machen Sie diese Übung so lange, bis Sie Ruhe und Gelassenheit verspüren.

Gespräche

Mit jemandem zu sprechen, ist in jeder Situation hilfreich. In der Sterbesituation kann es helfen, die große Last, die vermeintlich auf den Schultern lastet, mit jemandem zu teilen. Optimal wäre es, mit einem Menschen zu sprechen, der bereits eigene Erfahrung mit Sterbenden gemacht hat. Meistens genügt aber auch schon ein mitfühlender und einfühlsamer Mensch, der sein Ohr leiht, ohne groß in die Situation einzugreifen. Es geht ja gar nicht darum, Ratschläge zu erhalten, was man tun oder nicht tun sollte. Es geht einfach nur darum, sein Herz zu erleichtern, gehört und verstanden zu werden. Die besten Ratgeber in einer solchen Situation sind Menschen, die gut zuhören können. Wenn es einen solchen Menschen in Ihrem Freundes- oder Bekanntenkreis nicht gibt, dann besteht die Möglichkeit, auf professionelle „Zuhörer“ zurückzugreifen. Dies können

Therapeuten sein, am günstigsten natürlich solche, die mit dem Sterbeprozess vertraut sind.

Meditation

Leider ist in unserem Kulturkreis das regelmäßige Praktizieren von Meditation noch nicht gang und gäbe. Leider deswegen, weil die Meditation eine sehr effektive Möglichkeit ist, in seine Mitte zu finden. Auch wenn es nur nach ein wenig „Herumsitzen“ aussieht, getreu dem Spruch „Besser er meditiert, als er sitzt herum und tut gar nichts“, so passiert dabei doch einiges. Die Meditation passt insofern sehr gut in den Sterbeprozess hinein, weil es bei der Meditation, genau wie beim Sterben, um einen inneren Prozess geht. Es geht um Innehalten, um Stillwerden und um Bewusstwerdung. Über die Meditation können wir in Verbindung mit uns selbst kommen und uns selbst erkennen lernen. Es ist ein stiller Kontakt mit seinem wahren Wesen und mit der Göttlichkeit in sich. Mit regelmäßigen Meditationen kann der Samen zu persönlichem Wachstum gelegt werden. Aber auch wer nicht regelmäßig meditiert, wird immer davon profitieren; denn auch der erste Blick durch die Tür in das Zentrum der Kraft in einem selbst hat schon oft zu dem Wunsch geführt, sie weiter zu öffnen. Es gibt sehr viele verschiedene Arten von Meditation. Allen ist gemeinsam, dass sie den Geist zur Ruhe bringen und dem Meditierenden helfen, erfrischt und oft auch positiv verändert daraus hervorzugehen. Wir möchten an dieser Stelle keine bestimmte Form der Meditation anpreisen. Jede Meditation ist gut, wenn der Meditierende damit zurechtkommt und Freude daran hat. Die einfachste Möglichkeit für Ungeübte ist es, sich eine CD mit geführten Meditationen anzuhören. Hier gibt es ein reichhaltiges Angebot, das für jeden Geschmack etwas bereithält.

Kreativ sein (Malen, Schreiben)

Gerade in Situationen großer seelischer Belastung ist man oftmals offen dafür, seinen Gefühlen über eine kreative Betätigung Ausdruck zu verleihen. Welche Form der Kreativität man wählt, hängt davon ab, auf welchem Gebiet man glaubt, eine Begabung zu haben und wovon man sich angezogen fühlt. Es spielt dabei keine Rolle, ob man z.B. gut malen oder schreiben kann. Wichtig ist nur, dass die Tätigkeit dazu geeignet ist, die eigenen Gefühle widerzuspiegeln und in eine Form zu bringen. Perfektionismus ist hier nicht gefragt. Kreativität strebt nicht nach Genauigkeit, sondern nach Ausdruck. Wenn Sie auf einem Bild z.B. Ihre innere Seelenlandschaft auf irgendeine Art und Weise darstellen können, dann ist es nicht wichtig, wie diese aussieht, sondern was diese in Ihnen – und anderen – berührt. Oft genügt es auch schon, einfach nur mit Farben zu hantieren, zum Beispiel beim Ausmalen eines Mandalas, um Gelassenheit zu erfahren. Oder Sie drücken Ihre Gefühle dadurch aus, indem Sie einige Farbkombinationen aufs Papier bringen. Seien Sie beim Malen einfach nur Sie selbst, und vertrauen Sie auf die Heilkraft der Farben und der Symbolik von Bildern.

Das Gleiche gilt auch für das Schreiben. Niemand sollte sich dazu gedrängt fühlen, neben seinem sterbenden Tier sitzend, einen Roman zu schreiben. Aber vielen Menschen hilft es sehr, wenn sie ihre Gefühle in ihren eigenen Worten niederschreiben, wie in einer Art Tagebuch; oder sie drücken ihre Gefühle durch das Schreiben von Gedichten aus. Es ist günstig, wenn man immer einen Block und einen Stift bereit liegen hat, so dass man jederzeit alles aufschreiben kann, was einem in den Sinn kommt. Wir haben durch eigene Erfahrungen festgestellt, dass manchmal der Stift wie von alleine über das Papier gleitet. Wenn man das Geschriebene dann liest, kann man sich kaum erinnern oder es kaum glauben, dass man d a s geschrieben hat. Sie können auch einen Brief an Ihr sterbendes Tier schreiben und ihm Ihre Gefühle darlegen. Letzteres ist aber weniger dazu gedacht, zur Ruhe zu kommen, obwohl das natürlich trotzdem geschehen kann. Einen Brief an sein sterbendes Tier zu schreiben, kann den Sterbeprozess aber dennoch positiv beeinflussen, weil dadurch häufig Situationen klar(er) werden und Gedanken und Gefühle zugeordnet werden können. Insofern kann auch dieser Prozess beim Ruhigwerden von Nutzen sein. Fühlen Sie in sich hinein, wenn Sie erfahren wollen, welche kreative Handlung für Sie die richtige ist. Wenn Sie für sich einen geeigneten kreativen Weg gefunden haben, wird er vermutlich nicht nur Ihnen helfen, sondern sich immer auch günstig auf den gesamten Sterbeprozess auswirken.

Als ich an Henrys Seite saß, während er auf dem Weg in seine neue Dimension war, schrieb ich die folgenden Zeilen auf. Mir ging es dabei, wie oben beschrieben, dass ich nämlich gar nicht weiter darüber nachdachte, was ich schrieb, sondern es wie von alleine aus mir heraus floss. Jedes niedergeschriebene Wort kam aus dem Herzen, dem einzigen Organ, mit dem man, laut Antoine de Saint-Exupery, gut sieht.

Henrys Sterben

Ich sitze beim sterbenden Henry. Er ist ins Freie gegangen. In der Windphase, in der er sich nun befindet, sucht er die frische Luft. Seine Atmung ist schwer. Zwischendurch höre ich ihn kurz schreien. Ich kann ihn immer schnell beruhigen, indem ich ihm sage, dass ich da bin, bei ihm bin, ihn ein Stück auf seinem Weg begleite und alles akzeptiere, was er tut, und seine Wünsche respektiere. Zuerst legt er sich unter mein Auto. Später finde ich ihn auf der Terrasse. Ich lege ihm die lila Decke unter, seine Lieblingsdecke. Dann spreche ich ein Gebet für ihn:

Herr, Jesus Christus,
Sende allen sterbenden Körpern
Deine Ruhe und Deinen Segen.
Möge die Kraft Deiner Liebe
Ihre Wesen über die Schwelle der Erde tragen.
Herr, Jesus Christus,
Nimm sie auf in Deinen Frieden.
Erleuchte ihr Bewusstsein.
Lass sie erkennen, dass Dein ewiges Licht
In ihrem Wesen brennt und sie durch Dich
Heimkehren zum Vater.
Amen

Ich sitze bei Henry, habe ihm eine Kerze hingestellt, die ihm den Weg leuchten soll, und eine Rose hingelegt, als Symbol für meine Liebe, die er mitnehmen darf. Ich bedanke mich bei ihm, dass er bei uns war und uns so viel gegeben hat. Es ist schön und friedlich, in der Natur zu sitzen. Alles ist von Frieden erfüllt. Ich habe das Gefühl, dass die Zeit stehen bleibt. Ich würde mir wünschen, dass alle anderen Katzen kämen, um bei Henry zu sein. Aber ich habe auch das Gefühl, dass sie sich schon von ihm verabschiedet haben. Feli hat ihn gestern Abend ganz lange und intensiv angesehen. Es lag Wissen in ihrem Blick. Sie wusste um seinen Weg; und durch ihre Augen wusste ich es dann auch.

Heute ist ein schöner Tag zum Sterben. Ich bin ganz erfüllt von den Farben, Gerüchen und Geräuschen aus der Natur um uns herum. Der kräftige Wind erinnert mich daran, dass über die Atmung das Leben anfängt und auch wieder endet. Dort, wo Henry nun hingeht, braucht er seinen irdischen Atem nicht mehr. Dort wird er von Gottes Atem am Leben gehalten. Ich freue mich für ihn, dass er bald wieder in seinem wahren Zuhause ist.

Er dreht sich auf die andere Seite. Sein Atem kommt weiterhin schwer und abgehackt. Zwischen den einzelnen Atemzügen sind lange Phasen von Ruhe. Ich habe zwischendurch immer wieder das Bedürfnis aufzustehen und etwas zu tun; wohl wissend, dass Handlung im Moment nicht angesagt ist. Aber etwas zu tun, gibt mir Ruhe und Sicherheit, zeigt mir, dass es da noch eine andere Welt gibt. Die materielle Welt, in der ich mich befinde, und die Henry gerade verlässt. Ich bewege mich zurzeit zwischen beiden Welten hin und her. Wenn ich bei Henry bin, spüre ich den Frieden und die Ruhe der geistigen Welt. Sobald ich aufstehe und mich bewege, bin ich wieder in der Welt der Gegensätze. Es fühlt sich alles ein wenig wie Träumen an. Es ist alles wahr und doch nicht greifbar.

Irgendwann fängt Henry an, unruhig zu werden. Er dreht sich hin und her. Dann steht er auf, wird noch unruhiger, will irgendwo anders hin, scheinbar ohne zu wissen wohin. Er ist getrieben von seiner inneren Unruhe. Er fällt mehr als er geht, von der Terrasse hinab zu den Kletterrosen. Dann verschwindet er in Richtung Zitronenmelisse. Von dort hebe ich ihn auf und trage ihn auf die Wiese vor der Birke. Er fängt an, sich aufzubäumen. Ich laufe schnell ins Haus, um ihm einige homöopathische Mittel zu holen. Als ich, nur einige Sekunden später, zurückkomme, fliegt Henry gerade davon. Getragen von seinen Engeln sowie der Gewissheit und Freude, ein erfülltes Leben geführt zu haben.

Ich weine, aber ich bin nicht enttäuscht, dass Henry gegangen ist, sondern froh, dass er da war. Die Trauer um ihn, die mich erfüllt, vermischt sich mit der Freude, ein ganz besonderes Wesen zu Gast gehabt zu haben.

Guten Flug, Henry!

Affirmationen aufschreiben/aufsagen

Affirmationen sind Gedankenmuster und Glaubenssätze, die das Leben mitbestimmen. Wir denken ständig, meist ganz unbewusst, irgendwelche Glaubenssätze. Viele dieser Gedankenmuster haben wir von unseren Eltern übernommen. Wenn wir etwas lange genug denken, dann kann das durchaus zur Wirklichkeit für uns werden. Zumindest, wenn wir den Gedanken nicht nur denken, sondern davon auch überzeugt sind. Immerhin ist jeder Gedanke ein Energieimpuls, und es leuchtet ein, dass ständige pessimistische Gedanken nicht dazu geeignet sind, positive Energien zu erzeugen. Bei einer Affirmation geht es nicht darum, sich etwas zu suggerieren, was man gerne glauben möchte, es in Wirklichkeit aber gar nicht glaubt. Es geht darum, bewusster mit seinen Gedanken umzugehen und sich im Klaren darüber zu sein, was man denkt. Es geht auch darum, seine Gedanken in eine positive Richtung zu steuern. Deshalb ist es sehr wichtig, dass unsere Gedanken immer auch unser Herz und unsere Seele berühren. Erst dann ist man in der Lage, Affirmationen sinnvoll einzusetzen und sie nicht zu Lippenbekenntnissen zu degradieren oder sich jede Situation „schön zu reden". Die nachfolgenden Affirmationen können dem Sterbebegleiter helfen, die Sterbesituation besser anzunehmen und sich ihr ganz hinzugeben. Sie können diese Sätze laut oder in Gedanken sprechen, sie sich auf einen Zettel schreiben und diesen einstecken oder in der Hand halten. Wählen Sie die Affirmation aus, die für Sie stimmig ist und die Ihren Gefühlen entspricht:

„Ich weiß, dass alles, was passiert, zum Besten für mein Tier und für mich ist."
„Ich nehme diese Situation in Ruhe und Frieden an. Alles ist genau so, wie es sein soll."
„Ich lasse alle meine Gefühle zu und bin dankbar dafür."
„Ich habe Vertrauen in mich und mein Tier."

„Ich bin in Ruhe und Gelassenheit mit meinem Tier verbunden."
„Ich vertraue auf meine innere Kraft."
„Ich bin bereit, mein Tier auf seinem letzten Weg zu begleiten."
„Ich nehme den Weg meines Tieres als Geschenk an. Wir dürfen immer ganz wir selbst sein."
„Ich vertraue dem Prozess des Sterbens."
„Ich vertraue auf den göttlichen Plan und gebe mich ihm hin."

Gebete

Gebete sind Bitten an Gott oder höhere Wesen, die besonders oft in schweren Momenten gesprochen werden. Von Gebeten geht eine große Kraft aus. Nicht nur für denjenigen, für den sie gesprochen werden, sondern auch für den, der sie spricht. Sie bringen Hilfe aus höchster Ebene. Wenn Sie ein Gebet sprechen möchten, so können Sie dafür Ihre eigenen Worte benutzen. Sollte Ihnen das schwerfallen oder Ihnen die richtigen Worte fehlen, dann greifen Sie auf bekannte Gebete zurück. Als besonders schön wird das Sprechen eines Gebetes empfunden, wenn man dafür einen geeigneten „heiligen" Rahmen schafft. Dazu gehört es, eine Kerze anzuzünden. Wenn man möchte, kann man entsprechende Musik dazu spielen. Es spielt keine Rolle, ob ein Gebet laut oder nur in Gedanken gesprochen wird, es wird auf jeden Fall eine positive Auswirkung haben.

Immer geeignet ist das wohl bekannteste christliche Gebet, das „Vaterunser", oder ein anderes Gebet, dessen Text wir nachfolgend abdrucken.

Herr, wie Du willst,
soll mir geschehn, und wie Du willst, so will ich gehn,
hilf Deinen Willen nur verstehn!
Herr, wenn Du willst, dann ist es Zeit,

und wann Du willst, bin ich bereit,
heut und in alle Ewigkeit.
Herr, was Du willst, das nehm ich hin,
und was Du willst, ist mir Gewinn;
genug, daß ich Dein Eigen bin.
Herr, weil Du‘s willst, drum ist es gut,
und weil Du‘s willst, drum hab ich Mut,
mein Herz in Deinen Händen ruht.
Amen.
(www.gebetskraft.de)

Sollte Ihnen keine der genannten Möglichkeiten gefallen, probieren Sie doch einfach auch eigene Ideen aus. Für jeden gibt es einen oder auch mehrere gute Wege, sich zu entspannen. Man muss nur offen sein, um verschiedene Wege auszuprobieren, um ihn dadurch finden zu können.

10.

Abschiedsrituale für das verstorbene Tier

Ein ganz wichtiger Aspekt, der zum Sterben und zum Tod dazugehört, ist der „Umgang“ mit dem verstorbenen Tier oder richtiger mit seiner Seele, d.h. mit dem, was nach dem Tod des physischen Körpers weiterexistiert. Das Thema ist für die meisten Menschen, auch wenn das Tier schon begraben wurde, noch lange nicht abgeschlossen. Sofern man sein Tier während des Sterbevorgangs nicht vollständig loslassen konnte, sollte man nun, bevor die wichtige und heilsame Zeit der Trauer beginnen kann, mit Hilfe eines Rituals nicht nur materiell, sondern auch mental von seinem Tier Abschied nehmen. Hierbei steht ganz besonders das Loslassen im Vordergrund, das sehr wichtig ist, damit sich die Seele vollständig vom Körper lösen und unbelastet in (s)eine neue Dimension begeben kann. Hier warten neue Aufgaben auf das verstorbene Tier, die es nicht angehen kann, so lange es noch – auf welche Art und Weise auch immer – festgehalten wird. Das Festhalten kann auch verhindern, dass das Tier sich wieder in einem neuen Körper inkarniert. Dieser Wunsch, den so viele Menschen an ihr Tier haben, dass es nämlich wieder in der Gestalt eines neuen Tieres zu ihnen zurückkehrt, wird durch das mentale Festhalten für das Tier unmöglich.

Wir haben schon mehrfach darauf hingewiesen, wie wichtig das Loslassen im Sterbeprozess ist. Viele Menschen haben Angst, dass sie ihr Tier vorschnell vergessen, wenn sie es loslassen; oder sie haben das Gefühl, dass sie es im Stich lassen. Diese Furcht ist aber völlig unbegründet. Es geht einzig und allein darum, dem Tier bzw. seiner Seele ein unbeschwertes Weiterkommen zu ermöglichen. Das Loslassen ist kein Zeichen von Lieblosigkeit, sondern vielmehr von selbstloser Liebe, die frei von Egoismus ist. Stellen Sie sich vor, Sie möchten eine Wanderung unternehmen und Ihr Körper ist mit einem Gummiband an Ihrem Haus festgebunden, so dass Sie beim Losgehen nur mühsam vorwärts kommen und irgendwann ganz stagnieren. Das Festhalten an einem verstorbenen Tier wirkt wie ein mentales Gummiband, welches das Tier daran hindert, seinen neuen Weg zu gehen. Wir möchten noch einmal betonen, dass loslassen nicht gleichbedeutend ist mit vergessen. Sie dürfen Ihr Tier nach wie vor lieben, Sie dürfen ihm alle guten Wünsche schicken, Sie dürfen an es denken, wann immer Sie möchten, aber Sie müssen dabei uneigennützig sein. Es ist sowieso eine Illusion, dass wir jemals ein Lebewesen besitzen könnten. Tiere sind, genauso wie Menschen, immer nur zu Gast auf dieser Welt und gehen weiter, wenn ihre Besuchszeit abgelaufen ist. Lieben Sie Ihr Tier, aber ohne Anspruchsdenken, und halten Sie nichts fest, was weiterfliegen möchte. Wir stellen uns das Tier gerne als einen lieben und gern gesehenen Besucher aus einem fernen Land vor, der wieder zurück in seine eigentliche Heimat fliegt. Behandeln Sie Ihr Tier genauso wie einen lieben Gast in Ihrem Haus. Heißen Sie es herzlich willkommen, wenn es kommt; und wenn es geht, verabschieden Sie es, vermutlich mit Tränen in den Augen, aber gleichzeitig auch mit Freude. So wie Sie einen guten, geliebten Freund, wenn er Ihr gastliches Haus verlässt, verabschieden würden.

Wir haben einige Rituale ausgesucht, die den Abschied von einem geliebten Tier feierlich gestalten und das Loslassen erleichtern können. Das Loslassen wird aber nicht nur dem verstorbenen Tier helfen, sondern immer auch demjenigen, der es praktiziert.

Zudem wird es Erleichterung bringen und die Gewissheit, dass man sein Tier bis zuletzt unterstützt hat. Vielleicht fällt Ihnen auch noch etwas ganz anderes als das Vorgeschlagene ein, um sich von Ihrem Tier zu verabschieden. Der Phantasie sind hier keine Grenzen gesetzt. Wichtig ist nur, dass Sie sich bei dem, was Sie für Ihr verstorbenes Tier tun, wohl fühlen, so dass alle Beteiligten – Mensch und Tier – zu einem würdevollen Abschluss finden.

Nachruf/Würdigung

Wenn es Ihr Wunsch ist, Ihrem Tier noch viele gute Worte und/oder Wünsche mit auf seinen Weg zu geben, besteht die Möglichkeit, dass Sie und alle, die das Tier kannten, Gedenksprüche und liebevolle Worte für das Tier niederschreiben. Mittlerweile gibt es einige virtuelle Tierfriedhöfe im Internet, welche die Möglichkeit zum Schreiben von Nachrufen bieten. Sie können alle, die Ihr Tier kannten, bitten, einige Worte der Erinnerung über Ihr Tier zu verfassen. Natürlich können Sie diese auch auf Papier niederschreiben. Die beschriebenen Zettel können in ein Abschiedsritual eingebunden werden, indem man sie zum Beispiel verbrennt und die Asche in alle Winde verstreut. Das kann ein ganz wunderbares Ritual werden, wenn man zu früher Stunde an einen stillen, ganz besonders geliebten Ort geht und die Asche der Luft übergibt. Die Zettel können auch zu Schiffchen geformt und auf einem Wasser schwimmen gelassen werden. Sie können die Zettel auch vergraben. Vielleicht möchten Sie die Zettel dem Element anvertrauen, dem auch Ihr Tier angehörte. War es ein „Luftikus" (Element Luft/Wind) oder hatte es feuriges Temperament (Element Feuer)? War es sehr gefühlvoll (Element Wasser) oder sehr erdgebunden (Element Erde)? Welchen Weg auch immer die Zettel nehmen werden, Sie dürfen davon ausgehen, dass das darauf Geschriebene bei Ihrem

Tier ankommt. Sie können Ihrem Tier auch einen Abschiedsbrief schreiben und mit ihm ebenso verfahren wie mit den Nachrufen. Egal wofür Sie sich entscheiden, die Übergabe Ihrer letzten Worte an Ihr Tier sollten von einem Gebet für Ihr Tier oder Worten des Dankes und des Loslassens begleitet werden.

Ein Beispiel dafür wäre: „.....ich danke Dir dafür, dass Du in guten wie in schlechten Zeiten treu an meiner Seite warst. Ich lasse Dich jetzt gehen und wünsche Dir für Dein neues Leben alles Gute. Mögen die Engel immer an Deiner Seite sein."

Symbole in Form von Luftballons/Schiffchen/ Blumen ziehen lassen

Eine wunderbare und sehr effektive Möglichkeit zum Loslassen besteht darin, ein Symbol, das für die Seele des Tieres steht, fliegen oder wegschwimmen zu lassen. Dazu eignet sich ganz besonders gut ein mit Helium gefüllter Luftballon oder ein selbst gebasteltes Schiffchen. Wenn Sie sich für den Luftballon entscheiden, begeben Sie sich an einen stillen Ort in der Natur. Vielleicht kennen Sie einen ganz besonderen, magischen Ort, der gleichzeitig ein Ort der Kraft und der Ruhe ist. Dort können Sie sich erst einmal hinsetzen und noch einmal alle Erinnerungen an Ihr Tier vorüberziehen lassen. Danken Sie Ihrem Tier innerlich oder auch laut, und lassen Sie dann die Seele des Tieres in Gestalt des Luftballons fliegen. Wenn Sie möchten, können Sie einen Zettel mit Wünschen für Ihr Tier an dem Ballon befestigen. Freuen Sie sich daran, wie der Luftballon an Höhe gewinnt und Stück für Stück einer neuen Zeit und Entwicklung entgegen fliegt. Wenn Sie sich eher zum Wasser hingezogen fühlen, dann basteln Sie ein Schiffchen aus Papier oder kaufen ein Spielzeugschiff, auf das Sie den Namen Ihres Tieres schreiben. Mit diesem Schiffchen begeben Sie sich zu einem Gewässer. Tun Sie dies am besten, wenn sonst niemand dort ist, optimal wäre ganz früh morgens, und lassen Sie dann das „Lebensschiff" Ihres Tieres davonschwimmen. Sie können auch Blumen oder Blüten schwimmen lassen. Mit jedem Schiffchen oder jeder Blüte können Sie gleichzeitig auch einen Wunsch verbinden, den Sie Ihrem Tier schicken möchten. Wichtig ist immer die Intention, die dahinter steht. In den Augenblicken des Loslassens geht es nur und ausschließlich um das Tier und sein Weiterkommen. Seien Sie in Gedanken ganz bei Ihrem Tier, lassen Sie noch einmal alle Gefühle, die Sie für Ihr Tier empfinden, hochkommen, danken Sie ihm und dann lassen Sie es mit ganzem Herzen los.

Abschiedsfest

Ein weiterer wunderbarer Weg, seinem Tier eine würdevolle Abschiedszeremonie zu bereiten, ist, eine Feier für es zu veranstalten. In unserer Gesellschaft wird bei der Geburt sehr häufig ein Willkommensfest für das neue Menschenkind gefeiert. Da der Tod gleichfalls eine Geburt in ein neues Dasein ist, kann man auch zu diesem Anlass und mit ebenso großer Freude ein Fest feiern.

Dazu können Sie all die Menschen einladen, die das Tier gekannt und geliebt haben. „Laden" Sie dazu auch die anderen Tiere im Haushalt mit ein. Gestalten Sie das Ganze festlich und so, wie Sie glauben, dass es dem verstorbenen Tier gefallen würde. Jeder, der das Tier kannte, darf, wenn er möchte, eine Geschichte über es erzählen. Sie dürfen dem Tier auch Wünsche in sein neues Dasein schicken. Tun Sie alles, wovon Sie glauben, dass es Ihrem Tier gefallen würde und jetzt weiterhilft. Wenn Sie möchten, kann jeder für das Tier eine Kerze anzünden und sich sinnbildlich vorstellen, wie das Kerzenlicht dem Tier seinen neuen Weg beleuchtet. Diese Geste bekommt etwas ganz Besonderes, wenn Sie die Kerze für Ihr verstorbenes Tier selbst basteln. Im Fachhandel gibt es unzählige verschiedene Artikel, mit denen man die unterschiedlichsten Kerzen selbst herstellen und gestalten kann. Schicken Sie Ihrem Tier gemeinsam Licht und Liebe, und zum Schluss des Festes öffnen Sie das Fenster und stellen Sie sich alle gemeinsam vor, wie die Seele Ihres Tieres hinausfliegt in sein neues Leben. Seien Sie sich bei allem bewusst, dass Ihr Tier seine Freude daran hat. Genießen Sie das Fest, und versuchen Sie, bei aller Trauer, die Feier zu einem würdevollen, festlichen und fröhlichen Akt zu machen.

Etwas pflanzen

Wenn Sie die Möglichkeit haben, dann können Sie etwas für Ihr Tier pflanzen. Das kann ein Baum sein, aber auch jede andere Pflanze kann sinnbildlich für das neue Dasein Ihres Tieres stehen. Wer sich mit der Symbolik von Pflanzen auskennt, kann eine Pflanze auswählen, die als Symbol für das neue Leben des Tieres oder für das steht, was Sie dem Tier wünschen. Oder Sie wählen eine Pflanze, einen Baum, dessen Symbolik für die Entwicklung der verstorbenen Seele in ihrem vergangenen Leben steht. Dieses Ritual bietet zudem die Möglichkeit, dass Sie die Pflanze oder den Baum, den Sie eingepflanzt haben, beim Wachsen und Gedeihen beobachten können. So können Sie sich, wann immer Sie darauf schauen, vorstellen, dass dieser Baum, diese Pflanze im gleichen Maße wächst, wie die Seele, für die sie steht. Sie können außerdem Ihre eigenen Gefühle beim Betrachten der Pflanze beobachten und erkennen, wie weit Sie selbst auf Ihrem neuen Weg schon gekommen sind. Sie werden auch feststellen, dass sich mit fortschreitendem Wachstum Ihre Gefühle und Ihre Betrachtungsweise von Leben und Tod ändern werden. Vielleicht kommen Sie zu ganz neuen Erkenntnissen. Vielleicht können Sie teilhaben an der Weisheit der Pflanze und sich so, wann immer Sie dies wünschen, freudig an das verstorbene Tier erinnern. Vielleicht erfahren Sie über das Beobachten der Pflanze selbst ein Stück Wachstum. Wer keinen eigenen Garten hat, kann dieses Ritual natürlich auch mit einer Zimmerpflanze vornehmen. In diesem Fall achten Sie bitte darauf, dass die Pflanze genügend „Raum" hat, um zu wachsen und sich gut zu entwickeln. Wenn die Pflanze eingegraben ist, können Sie den Vorgang mit einem Wunsch für das Tier abschließen, wie z.B.: „Ich überlasse Dich voll und ganz Deinem neuen Weg und Deinen neuen Aufgaben. Ich wünsche Dir dabei Wachstum und Heil. So wie diese Pflanze, so sollst auch Du in Deinem neuen Leben wachsen und gedeihen. Mögen Deine neuen Wurzeln kräftig und tief wachsen, Dir Halt geben und Dich nähren."

Meditation zum Loslassen

Wählen Sie zum Meditieren einen Moment, in dem Sie ungestört sind vom Alltagsstress. Sorgen Sie für eine entspannte Atmosphäre – vielleicht mit einer schönen, beruhigenden und harmonischen Musik. Zünden Sie eine Kerze für das verstorbene Tier an und setzen sich aufrecht hin. Schließen Sie die Augen und atmen Sie ruhig und tief. Spüren Sie jeden Atemzug und stellen Sie sich vor, wie mit jedem Ausatmen Wurzeln aus goldenem Licht aus Ihren Füßen tief in den Boden wachsen. Wenn Sie das Gefühl haben, gut verwurzelt zu sein, stellen Sie sich Ihr verstorbenes Tier vor, so wie es im Leben war. Danken Sie ihm dafür, was es alles in Ihrem Leben für Sie getan hat. Versichern Sie ihm, dass Ihre Liebe aufrichtig ist und Sie bereit sind, die Entscheidung, in ein neues Dasein zu gehen, annehmen. Wünschen Sie ihm für die neue Existenz einen unbelasteten Start und versichern Sie ihm, dass Sie es nicht im Hier und Jetzt aufhalten. Bestätigen Sie ihm, dass es für immer einen sicheren Platz in Ihrem Herzen hat. Zu guter Letzt stellen Sie sich vor, wie Sie das Fenster öffnen und ihr verstorbenes Tier durch das weit geöffnete Fenster in sein neues Leben schwebt.

Ein Gebet sprechen

Wenn es Ihr Wunsch ist, für Ihr verstorbenes Tier ein Gebet zu sprechen, so können Sie dies wiederum mit einer rituellen Handlung verbinden. Die Natur bietet hierfür den besten Rahmen. Gehen Sie zu einem geliebten Platz in der Natur. Vielleicht gibt es einen Platz, an dem Sie mit Ihrem Tier oft waren. Vielleicht möchten Sie aber auch einen ganz neuen Platz für den Abschied von Ihrem Tier finden. Gehen Sie in Stille zu dieser Stelle und setzen Sie sich erst einmal für eine Weile hin. Spüren Sie den Geist Ihres Tieres und warten Sie, bis Sie ganz zur Ruhe gekommen sind. Dann können Sie das Gebet für Ihr Tier sprechen. Schön ist es, wenn Sie dazu eigene Worte wählen, die Ihnen in Erinnerung an Ihr Tier in den Sinn kommen. Wenn Ihnen das schwerfällt, dann suchen Sie sich bereits zu Hause ein Gebet aus, das dem Anlass entsprechend ist und Ihren Vorstellungen entspricht. Drucken Sie es aus und stecken es ein. Es ist, wie immer, nicht wichtig, welchen Weg Sie wählen. Wichtig ist, dass Sie mit dem Herzen dabei sind. Ein Gebet, aus tiefstem Herzen gesprochen, vermag denjenigen, für den es gedacht ist, in seinem Herzen zu berühren und seine Seele zu beflügeln.

Symbolisch Wünsche schicken

Wir gehen davon aus, dass jedes Tier für seinen Halter das beste, schönste und klügste Tier auf der ganzen Welt war. So kennen wir das von unseren eigenen Tieren und so wird es sicher auch bei Ihnen sein. Was läge da näher, als dem verstorbenen Tier Symbole mit auf den Weg zu geben, die einerseits seine wunderbaren Eigenschaften widerspiegeln und andererseits gute Wünsche für seinen neuen Weg darstellen sollen? Wenn Ihr Tier ein Grab bekommt, können Sie diese Symbole mit ins Grab geben. Sie können die Symbole auch an einen besonderen Platz in der Natur oder in Ihrem Zuhause legen.

Sie können die Symbole als materielle Figur aus Stein, Holz oder einem anderen Material, als Foto, als gemaltes Bild oder auch nur in Gedanken Ihrem Tier auf seinem Weg mitgeben.

Hier geben wir Ihnen einige Beispiele, wie solche Symbole aussehen könnten:

Bergkristall	Klarheit auf dem neuen Weg
Blatt eines Baumes	je nach Baum: Stärke, Größe, Wachstum etc.
Blumenblüten	Sommer, Sonne, Fröhlichkeit, Licht
Chrysantheme	zum Gedenken an Verstorbene, Liebe über den Tod hinaus
Efeu	Zeichen der Unsterblichkeit
Eibe	Symbol der Auferstehung und des ewigen Lebens
Engel-Figur	himmlische Begleitung, die Ihr Tier auf seinem Weg bekommt
Eule	Weisheit
Herz	Liebe, Wärme
Immergrün	Sinnbild des Lebens wie des Todes und Sinnbild für die Ewigkeit
Kornähre	Fruchtbarkeit, erfülltes Leben
Rosenblüte	Liebe und Geborgenheit
Schlüsselblume (echte)	Sinnbild für den Schlüssel zum Himmel
Schmetterling	Freiheit und Leichtigkeit
Sonne	Wärme, Kraft, Leben
Stein	Stabilität
Sterne	Unsterblichkeit, Langlebigkeit, Liebe
Tränendes Herz	Blüten stehen für die Tränen aus Freude und Schmerz
Vergissmeinnicht	Abschied in Liebe, zärtliche Erinnerung
Vogel	Freiheit, Transzendenz

Sie können und dürfen sich natürlich auch ganz eigene Symbole ausdenken. Vielleicht verbinden Sie mit bestimmten Dingen etwas anderes als es die gängige Symbolik vorgibt. Was immer Sie Ihrem Tier mit auf den Weg geben möchten, es sollte von Herzen kommen und zu Herzen gehen. Bieten Sie Ihrem Tier die Symbole an, die zu ihm passen; und denken Sie daran, dass es sich bei den symbolischen Gaben um Abschiedsgeschenke handelt. Überreichen Sie Ihrem Tier die Symbole, auf welche Art und Weise und in welcher Form auch immer, und dann lassen Sie Ihr Tier in sein neues Leben gehen. Mit den symbolischen Geschenken im Rucksack wird sein Weg dorthin ein leichter und freudiger werden.

Was immer Sie tun werden, zu welchem Ritual Sie sich entschließen, seien Sie gewiss, dass es mit Tränen und Schmerz verbunden sein wird. Abschied und Loslassen, so wichtig sie auch sind, tun trotzdem weh. Was wäre das auch für ein Abschied, bei dem keine Gefühle der Trauer auftreten? Es ist in Ordnung, wenn dabei die Tränen fließen. Es werden immer heilsame Tränen sein, mit denen ein Stück Trauer und Traurigkeit ausgeschwemmt werden. Sie brauchen sich Ihrer nicht zu schämen, sondern seien Sie stolz auf Ihre Gefühle und Ihre Empfindsamkeit.

Sobald Sie die Seele Ihres geliebten Tieres in ihr neues Leben haben ziehen lassen, sind auch Sie frei für einen neuen Anfang. Das verstorbene Tier wird eine Lücke hinterlassen, die niemand sonst schließen kann. Kein anderes Tier wird jemals so sein wie das verstorbene; und kein anderes Tier kann jemals das gegangene Tier ersetzen. Es war etwas Einzigartiges, und als solches sollte es in Ihrer Erinnerung bleiben. Aber Sie wissen nun auch, dass die Seele Ihres Tieres weiterlebt und seine Liebe immer bei Ihnen sein wird. Die Liebe Ihres verstorbenen Tieres hat eine Spur in Ihrem Leben hinterlassen, aus der irgendwann etwas

Neues, Wunderbares wachsen kann. Freuen Sie sich, dass auch Sie durch die Liebe Ihres Tieres wachsen durften und Sie beide durch diese Liebe miteinander verbunden sind, auch wenn jeder von Ihnen von nun an seinen ganz eigenen Weg weitergeht.

11.

Die Zeit der Trauer

Nach dem Tod des Tieres beginnt für die, die zurückbleiben, eine neue Phase des Lebens.

Es ist möglich und sogar wahrscheinlich, dass die Begleitung des Tieres in seinem Sterbeprozess für den Menschen eine sehr anstrengende Zeit bedeutet hat, die zweifellos auch an den Kräften gezehrt haben kann. Doch unabhängig davon, wie der Sterbeprozess erlebt wurde, nach dem Tod des Tieres beginnt eine neue, wichtige Phase, die in ihrer Bedeutsamkeit nicht unterschätzt werden darf.

Der Mensch sollte sich zunächst prüfen, ob er das verstorbene Tier auch tatsächlich loslassen konnte. Es in Liebe und Frieden verabschiedet zu haben und annehmen, dass das Tier seine Entscheidung getroffen hat, ist ein erster wichtiger und bedeutender Schritt. Jetzt gilt es aufrichtig anzunehmen, dass das Tier von nun an nicht mehr auf der körperlichen Ebene für uns da sein kann. Die Beziehung Mensch – Tier kann, wenn man es zulässt, andere, neue Qualitäten bekommen; denn auf einer nicht messbaren Ebene ist das Tier nach wie vor existent und damit gleichzeitig unsterblich. Denken wir z.B. an das Tier, ist es auf eine gewisse Art und Weise präsent, dann erinnern wir uns, wie sich gemeinsame schöne Erlebnisse mit dem Tier angefühlt haben. Was wir in diesen Momenten gespürt haben, ist dann gleichsam präsent.

Unbestritten ist und bleibt, dass die Seele unsterblich ist. Es handelt sich bei der Seele um eine energetische Struktur, und uns sind lediglich keine Methoden zugänglich, mit denen wir eine Energieform, wie die der Seele, messen könnten. Doch ungeachtet dessen ist die Seele existent, ob vor oder nach dem Todeszeitpunkt.

Können wir diesen Umstand verinnerlichen, dann können wir auch verstehen, dass der Tod niemals wirklich trennen kann. Lediglich von der physischen Struktur, dem Körper, welcher der Seele im Leben als Wohnstätte dient, kann er uns trennen. Doch genau dieser Körper ist es, der nach dem Tod nutzlos und damit absolut entbehrlich wird.

Die Einstellung in unserer westlichen Kultur zum Tod macht es uns nicht gerade leicht, mit Abschied und Trauer umzugehen. Nach unserer Ansicht liegt dies auch daran, dass in unserer Gesellschaft Sterben und Tod noch immer verdrängt werden.

Begegnen uns Abschied und Tod, meist mehr oder minder unvorbereitet, geraten wir schnell in einen Zustand, der uns überfordert.

Menschen in anderen Kulturen, in denen Sterben und Tod untrennbar zum Leben gehören und integriert werden, gelingt es leichter, die veränderte Situation anzunehmen. Dies auch darum, weil in ihrer Kultur dem Tod nicht eine solche Übermacht, eine derartige Endgültigkeit zugesprochen wird. Er wird als natürlicher und notwendiger Wandel begriffen und kann folglich als solcher auch leichter akzeptiert und verarbeitet werden.

Ungeachtet dessen muss der, der zurückbleibt, sich in der neuen Situation erst zurechtfinden und lernen, sie zu bewältigen. Dieser Prozess ist nicht leicht und gestaltet sich – wie schon der Prozess des Sterbens – immer anders und individuell ganz verschieden. Wichtig ist, alle entstehenden Gefühle zuzulassen und nicht den

Versuch zu unternehmen, sie verdrängen zu wollen. Alles, was man unbearbeitet versucht zu verdrängen oder wegzuschieben, wird irgendwo und irgendwann wieder in Erscheinung treten.

Es ist uns an dieser Stelle ganz wichtig zu betonen, dass es für trauernde Menschen keinen Unterschied macht, ob sie um einen Menschen oder um ein Tier trauern. Der Schmerz wird sehr häufig in derselben Weise empfunden. Nicht selten gelingt es Menschen, zu ihrem Tier eine viel intensivere Beziehung und damit auch tiefere Verbindung zu entwickeln, als es ihm mit einem Menschen jemals möglich sein könnte. Daher sollten die möglichen verständnislosen Aussagen von Menschen „Es war doch nur ein Tier", als das verstanden werden, was sie sind: Zwecklose Versuche zu trösten. Möglich, dass es Menschen, die so etwas sagen, nicht anders wissen. Jegliche Ausführungen dieser Art darf man nicht ernst nehmen.

Elisabeth Kübler-Ross beschrieb die verschiedenen Phasen der Trauer. Allerdings möchten wir hier nicht näher auf diese Phasen eingehen. Nach unserer Ansicht sollten die Phasen der Trauer lediglich zur Orientierung dienen. Tragen sie doch die Gefahr in sich, dass ihre Darstellung zu sehr vereinfacht. Sie sollen helfen zu verstehen, dass auch die Zeit der Trauer eine Chance bietet. Mit dem Durchleben einzelner Phasen – wie auch immer sie sich dem Trauernden präsentieren – gilt es zu erkennen, dass an seinem Ende ein viel größerer Prozess bewältigt wird. Der große, zu Beginn noch Angst machende und unüberschaubare Prozess wird in Etappen strukturiert. So fügen sich die kleineren Etappen in einen großen Zusammenhang und lassen verstehen, dass diese Phase des Schmerzes nicht ohne Sinn ist und vor allem ein Ende haben wird.

Den Prozess der Trauer darf man auch als eine Zeit des Wachstums begreifen. Eine Phase des Lebens, in der Aufgaben gelöst werden müssen, um sich dadurch weiterzuentwickeln, vergleichbar mit einer Phase, in die man gelangt, wenn man schwer erkrankt ist. Um wieder gesund zu werden, darf man sich der dahinterstehenden Lernaufgabe nicht verweigern. Richtig ist, sie anzunehmen als eine Aufgabe, durch die Entwicklung und Wachstum stattfinden kann.

Der bedeutsamste Prozess im Trauern ist nach unserer Ansicht der, zu lernen, ohne das verstorbene Tier weiterzuleben. Das setzt voraus, dass es dem Menschen gelingt, dem Tier einen neuen Platz im Bewusstsein zu geben. Das Tier darf weiterhin geliebt werden. Es sollte nur ein neues Bild entstehen. Ein Bild, das der Mensch geschützt in seinem Herzen bewahren kann. Ziel von Trauer darf nicht sein, nun einfach ohne das verstorbene Tier weiterzuleben, sondern es ist besser, einen festen Platz für es zu schaffen, ohne es dabei in irgendeiner Form festzuhalten.

Für die Zeit der Trauer sollte man sich genau den Zeitrahmen geben, den man benötigt, um die Lernaufgabe gut meistern zu können. Wie lange diese Zeit dauert, ist individuell so verschieden, dass es nicht möglich ist, hier eine Zeitangabe zu treffen. Was bei dem einen in Wochen verarbeitet wurde, dauert bei einem anderen Monate. Wichtig ist, sich nicht unter Druck setzen zu lassen. Jeder muss diesen Prozess ganz alleine für sich verarbeiten. Die Betonung liegt allerdings auf der Aussage, dass der Tod des Tieres auch verkraftet werden muss. Die Zeit der Trauer ist wichtig und nötig, um den Abschied zu verarbeiten; etwas, das anfangs schmerzhaft ist und sehr weh tut, in etwas Neues zu verwandeln. Eine neue Erfahrung, die wir verstanden und in unser weiteres Leben integriert haben.

So darf nach einer individuell unterschiedlich langen Zeit auch ein anderes Tier im Leben des Menschen ankommen. Das Trauern um ein verstorbenes Tier sollte nicht dazu führen, dass der Mensch nie mehr ein anderes Tier zu sich nimmt. In vielen Fällen wird die Angst vor einem weiteren Verlust so übermächtig, dass der Mensch sich nicht mehr zutraut, ein anderes Tier aufzunehmen. Dabei darf nicht vergessen werden, dass das verstorbene Tier niemals durch ein anderes Tier ersetzt werden kann. Das neue Tier muss einen neuen, seinen eigenen Platz bekommen dürfen. Es steht ihm zu, als eigenständiges Individuum begriffen zu werden. Aus diesem Grund ist es nach unserer Ansicht nicht hilfreich, ein anderes Tier zu kurz nach dem Tod des verstorbenen zu sich zu nehmen. Es besteht das Risiko, dass der Mensch sich dadurch auf den Trauerprozess nicht wirklich einlassen kann. Daraus folgt, dass die mit dem Abschied verbundene Lernaufgabe nicht bewältigt werden kann. Genau das ist aber wichtig und notwendig. Einerseits um dem verstorbenen Tier den Platz zu bewahren, der ihm zusteht, und andererseits um dem neuen Tier die Möglichkeit zu geben, den Platz einzunehmen, der ihm wiederum zusteht. Im Interesse aller darf es nicht dazu kommen, dass der Mensch das verstorbene Tier möglichst schnell „austauscht". Wie schon erwähnt, kann kein Tier ein anderes ersetzen. Das neue Tier vermag bestenfalls den Menschen von seiner Aufgabe im Trauerprozess abzulenken. Dies dann aber nur scheinbar, denn das Leben wird die Lernaufgabe bestimmt irgendwann erneut präsentieren.

Ein ganz wichtiges Thema sind trauernde Kinder. Wie schon im Sterbeprozess, sollten Kinder auch im Trauerprozess einbezogen und immer ernst genommen werden. Sie haben ein Anrecht darauf, dass Erwachsene ihre Fragen aufrichtig beantworten. Es steht ihnen zu, dass man ihnen erklärt, was geschieht. Hier ist besonders wichtig, dass auch die Erwachsenen selbst alle Gefühle und Empfindungen ausdrücken, die sie in ihrer Trauer erleben. So lernen Kinder wie Erwachsene, mit möglicherweise unerwarteten und ungewohnten Gefühlen umzugehen. Ein Kind darf wissen, dass es traurig über den Verlust sein darf, aber obwohl es trauert, darf es Situationen erleben, in denen es sich freut und lacht.

Wenn das Miteinander durch Offenheit und Ehrlichkeit gekennzeichnet ist, dann entsteht eine Basis, auf der Kindern eine wichtige Erkenntnis mitgegeben werden kann, denn das Erleben, wie mit Abschied, Verlust und Tod umgegangen wird, kann eine existenziell wichtige Erfahrung im Leben eines Kindes bedeuten.

Gerade in allen schwierigen Phasen des Lebens dürfen wir alles tun, um uns selbst zu helfen. Die Durchführung von Ritualen kann auch hier Halt und Orientierung bieten. Häufig erleichtern sie damit gleichzeitig die Bewältigung schwieriger und umfassender Aufgaben. Wichtig zu betonen ist an dieser Stelle, dass man unbedingt vermeiden sollte, sich von dem Schmerz nur abzulenken. Tränen dürfen fließen, können sie doch auch als ein Zeichen der Heilung empfunden werden. Alles, was Sie tun, um die Trauer für sich zu verarbeiten, sollte immer durch das Motiv im Hintergrund bestimmt werden. Das Motiv muss sein, einen Abschied zu verarbeiten, mit dem Ziel, am Ende dieses Prozesses ein Stück weit gewachsen zu sein. Wir wissen, dass dieser Schmerz nicht leicht zu ertragen ist, doch wir wissen auch, dass man ihn durch Verdrängung nicht leichter ertragen wird. Es geht darum, sich den Raum zu gönnen und auch in Anspruch zu nehmen, den man benötigt, um diese Phase gut zu überstehen. Suchen Sie sich die Unterstützung, die Sie für sich benötigen. Nehmen Sie angebotene Hilfe – sofern Sie diese Hilfe möchten – dankbar an. Suchen Sie sich Freunde, die Ihnen wahrhaft helfen wollen. Jemand, der Sie lediglich vom Schmerz ablenken möchte, vielleicht weil er Ihre Tränen nicht sehen kann, Sie in Ihrer Trauer nicht aushalten kann oder weil er sich selbst seiner eigenen Trauer nicht stellen kann, ist keine echte Hilfe. Am besten unterstützen Menschen, die wissen, dass es oft genügt, einfach nur da zu sein, die vielleicht mit Ihnen weinen oder einfach nur hinhören, was der Trauernde ausdrücken möchte. Den Trauernden annehmen mit seinem Schmerz und ihn zu halten, das ist die Aufgabe, die sich Menschen stellen, die wirklich helfen wollen. Ihnen ist klar, dass der Trauernde durch den Schmerz hindurchgegangen sein muss, um ihn wahrhaft verarbeiten zu können.

Das andere, unbedingt zu vermeidende Extrem ist, das verstorbene Tier „heilig" zu sprechen. Weder für den Menschen noch für die Seele des verstorbenen Tieres ist dies hilfreich. Keine Frage, Sie sollen Ihr Tier auch nach wie vor lieben und ihm dankbar sein dafür, dass es sein Leben mit Ihnen geteilt hat. Sie sollten ihm von ganzem Herzen alles Gute wünschen für seine weitere Existenz. Doch auch hier sollte das rechte Maß nicht überschritten werden. Bewahren Sie sich davor, Ihrem verstorbenen Tier die Bürde des Heiligen abzuverlangen. Bestimmt war Ihr Tier der beste Partner für die Phase Ihres Lebens, die es mit Ihnen teilen durfte. Doch nach diesem Leben, in dem es alles lernen konnte, was es in diesem Leben für es selbst zu lehren und lernen gab, macht es sich auf in seine nächste Existenz. In dieser neuen Existenz braucht das Tier seinen Menschen nicht mehr. Jeder Zurückbleibende sollte sich darüber im Klaren sein, dass jegliches Eingreifen die Seele in ihrer weiteren Entwicklung hindert. Es ist darum sehr wichtig, dass jeder an dem Platz bleibt, an dem er sich befindet. Das bedeutet, bei sich selbst im Hier und Jetzt zu bleiben und sich seiner eigenen Aufgabe in diesem Leben weiterhin zu stellen. Wenn Sie dies alles berücksichtigen, haben Sie Ihr Möglichstes getan, um Ihr Tier in Liebe und Frieden unbelastet seinen neuen Weg gehen zu lassen.

Unsere ganz persönlichen Erfahrungen zeigen ganz deutlich, dass es den Trauerprozess beträchtlich erleichtert, wenn das Sterben so abgelaufen ist, wie es für das Tier vorgesehen war; der göttliche Plan auch im Sterben gewissermaßen erfüllt wurde.

Wir bieten im Folgenden einige Rituale an, die wir sehr schön finden. Sollten Sie darunter keines finden, das Sie persönlich anspricht, dann gilt auch hier wieder unsere Bitte: „Seien Sie offen und kreativ." Verstehen Sie unsere Tipps als Anregungen und entwickeln Sie für sich das Ritual, das Ihnen die größtmögliche Unterstützung bietet.

Erinnerungsglas

Besorgen Sie sich ein hübsches Glas, das Sie gut verschließen können. Füllen Sie verschiedene Farben Sand oder auch andere natürliche Materialien nacheinander ein. Diese verschiedenen Farben oder Materialien können dann sinnbildlich für die vielfältigen Erinnerungen stehen, die Sie mit Ihrem Tier verbinden.

Eine andere Variation für ein Erinnerungsglas ist es, einen Spaziergang in die Natur zu unternehmen, diesen Spaziergang in Erinnerung an das Tier zu gehen und dabei auf dem Weg liegende Steine aufzusammeln. Jeder gesammelte Stein kann für eine Entwicklungsphase im Leben des Tieres stehen oder auch für eine schöne Erinnerung, die man an es hat. Die so gesammelten Steine – die sicher in Form und Farbe völlig verschieden sind – können Sie in ein entsprechend großes Glas-Windlicht legen. Stellen Sie, bevor Sie die Steine einlegen, eine schöne Kerze in die Mitte des Windlichtes. So machen Sie aus diesem Windlicht ein ganz besonderes. Entzünden Sie das Licht in Erinnerung an Ihr verstorbenes und einzigartiges Tier.

Tränenglas

Eine andere Idee ist es, sich ein Tränenglas zu gestalten. Alle geweinten Tränen – denn nur geweinte Tränen können heilend wirken – werden in einem schönen Gefäß symbolisch gesammelt. Wählen Sie dazu als Synonym für jede geweinte Träne das Material, das Ihnen am besten gefällt. Als Tränenglas verwenden Sie am besten ein schönes Glasgefäß. Hierin können Sie die unterschiedlichsten Materialien sammeln, wie Glasmurmeln, Glasnuggets, kleine Steine, kleine Kiesel oder auch verschiedene kleine Heilsteine. Nach und nach entwickelt sich so eine besondere Erinnerung an Ihr Tier. Gleichzeitig erinnert es an eine schwere Zeit, die Sie irgendwann gut verarbeitet haben werden. Zugleich dürfen Sie stolz auf sich sein, dass Sie diese Aufgabe gemeistert haben.

Gedenkstein

Suchen Sie sich einen Stein, der Ihnen als Erinnerungsstein an Ihr verstorbenes Tier geeignet erscheint. Gestalten Sie diesen nach Ihren Wünschen mit Werkzeugen oder Farben so, dass Sie am Ende einen eigenen, ganz individuellen Gedenkstein für Ihr Tier geschaffen haben. Vielleicht finden Sie auch ein Wort, das als Symbol der Erinnerung für ihr Tier dienen kann, das dafür steht, was Ihr Tier hier auf dieser Erde zurücklässt. Diesen Gedenkstein können Sie auf das Grab legen. Aber auch auf jedem anderen Platz, der Ihnen stimmig erscheint, wird er seine positive Wirkung entfalten.

Bild

In Erinnerung an Ihr Tier können Sie auch ein Bild malen. Egal ob Sie mit Farbstiften zeichnen oder mit Pinsel malen, wählen Sie das

Verfahren, das Sie am meisten anspricht; auch wenn Sie meinen, nicht malen zu können. Es geht hier nicht darum, ein formvollendetes erstklassiges Meisterwerk zu schaffen. Was einzig und allein zählt, ist, dass Sie durch das Bild Gefühle sichtbar werden lassen. Letzten Endes ist die Wirkung, die dieses Bild auf Sie haben wird, entscheidend. Wir können versichern, das Resultat wird eine ganz besondere Wirkung auf Sie haben. Für Sie wird es einzigartig sein und Sie gleichzeitig immer an Ihr Tier und seine Einmaligkeit erinnern.

Trauer-Tagebuch

Wenn Ihnen das Schreiben liegt, schreiben Sie an einem Trauer-Tagebuch. Hier können Sie über die Zeit alles notieren, was Ihnen in den Sinn kommt. Oft ist es hilfreich, den Schmerz in Worten auszudrücken; denn schon alleine durch das Niederschreiben gibt man seinen Gedanken eine neue Form. Sie bekommen dadurch eine andere Kraft, und es kann zumindest ein Stück weit leichter werden, den Schmerz loszulassen. Möglicherweise können Sie beim späteren Lesen der Niederschriften erkennen, was sich über die Zeit verändert und gewandelt hat.

Treffen mit Menschen

Ganz vielen Menschen ist es ein Bedürfnis, die eigenen Gedanken mit anderen Menschen auszutauschen. Das können z.B. Menschen sein, die ebenfalls einen Verlust erlitten haben. An ihnen kann man begreifen, dass man auch nach einem Verlust Heilung erfahren kann. Aber auch Freunde und Verwandte können hier als Gesprächspartner unterstützen. Häufig ist es die erste wirkliche Hilfe, einem Trauernden die Gelegenheit zu geben, seine Gefühle mit Worten zu beschreiben. Schon alleine das kann helfen, den Schmerz leichter werden zu lassen.

Lesen

Lesen Sie Bücher, die sich mit der Trauerthematik beschäftigen. Es gibt einige Titel auf dem Markt, in denen Autoren von ihren eigenen Erfahrungen berichten. Sich so mit dem Thema der Trauer zu beschäftigen, kann auch helfen, die eigenen Gedanken zu ordnen. Auch ist es eine gute Unterstützung, um zu erkennen, wie andere eine so schwierige Phase des Lebens überstanden haben. Diese Erfahrungen sollten Trauernde dankbar für sich selbst nutzen.

12.

Ein letzter Gruß

Nachdem Henry gestorben war, suchte ich nach weiteren Möglichkeiten, ihm alles, was er brauchte, mit auf seinen Weg zu geben. Ich wollte ihn, so gut es von meiner Seite aus machbar war, unterstützen. Sein Weg in die neue Dimension sollte hell sein, wie eine gut beleuchtete Stadtautobahn. So schrieb ich alle Freunde, die ihn gekannt und geliebt hatten, an und bat sie, Henry ein Gebet auf seinen letzten Weg zu schicken.

Sehr zu meiner großen Freude bekam ich auf diesem Weg noch eine letzte Botschaft von ihm.

„Nachdem ich deine Nachricht gelesen hatte, habe ich mich gleich hingesetzt, um ihm ein Gebet und viel Liebe in Gedanken zu senden. Aber Henry ließ mich gar nicht beten – stattdessen passierte folgendes:

Ganz schnell konnte ich mich entspannen, und es schien so, als würde ich schon erwartet werden. Ich fühlte, wie ich durch die einzelnen Chakras wanderte und diesmal anders als sonst mit und schließlich in einem orangefarbenen Rauchschwaden nach oben schwebte. Ich fand mich wieder in weißem Nebel. Es war so schön dort, und ich konnte in ein schönes Licht sehen, hell und golden. Ich sah Henrys Gesichtchen vor mir. Seine Augen waren klar und voller Freude und Frieden, ich fühlte so viel Liebe in mir. Ich fühlte, wie Tränen aus beiden Augen über meine Wangen liefen. Weinte ich? Sind das meine Tränen? „Nein – du weinst meine Tränen“, sagte da jemand. „Henry, du?“ „Ja, ich! Du weinst meine Tränen. Es sind die Tränen der Liebe, der Glückseligkeit, der Dankbarkeit, der Leichtigkeit, des Willkommenseins, des Friedens! Sag Petra das! Ich danke ihr, dass wir uns begegnen durften, dass wir ein so langes Stück des Lebens gemeinsam gehen durften. Ich bin ihr von Herzen dankbar für die schöne Zeit, dass ich meine Aufgabe bei ihr und mit ihr leben und lösen durfte. Sie hat mich begleitet und auch sich begleiten und leiten lassen. Es fiel mir nicht leicht zu gehen, aber so wie ich in Liebe leben durfte – durfte ich auch in Liebe sterben. Ich komme an und bin leicht, erleichtert, erlöst, voller Liebe und Wärme. Der Weg ist nicht einfach, aber ich konnte ihn wohl behütet, ohne Furcht und in Liebe geleitet antreten. Nichts konnte und kann mir auf der Reise ins Licht geschehen. Ich komme aus schützenden Händen und einem liebenden Herzen und werde bereits auf der anderen Seite erwartet und willkommen geheißen. Ich fühle mich glücklich, geborgen und frei. Hier sind viele vertraute Gesichter, auch welche, die Petra und Wolfram kennen. Sie lassen euch grüßen! Ich werde euch nicht vergessen, schaue dann und wann einmal vorbei. All das ist mir möglich – also wundert euch nicht.“

Diese Botschaft ließ die Tränen fließen, aber es waren Tränen der Freude. Ein geliebtes Tier, unser Kater, der zehn Jahre seines Lebens mit uns geteilt hatte, war ins Licht gegangen. Er ist aufgehoben und sicher. Er ist zu Hause.

Internetseiten

SABINE ARNDT (www.sabine-arndt.de)
& PETRA KRIEGEL (www.raum-und-energie-fuer-tiere.de

TIERBESTATTUNGEN
www.anubis-tierbestattung.de
www.antares24.de
www.kleintierkrematorium.de
www.osiris-tierbestattungen.de
www.tiertrauer.de
www.pferdebestattungen.de

VIRTUELLER TIERFRIEDHOF
www.online-grab.eu
www.ihr-tierfriedhof.de
www.tierhimmel.org
www.tierruhestaette.de

GEBETE
www.gebetskraft.de
www.gebete.de
www.beten-online.de

TRAUER
www.tiertrauerchat.de
www.trauer.org
www.trauerspruch.de

STERBEBEGLEITUNG
www.lebensgedanken.de

Literaturnachweise

Sonnenschmidt, Rosina: Exkarnation – Der große Wandel, Verlag Homöopathie + Symbol, Berlin 2002

Sonnenschmidt, Rosina: Farb- und Musiktherapie für Tiere, Johannes Sonntag Verlagsbuchhandlung GmbH, Stuttgart 2000

Sonnenschmidt, Rosina: Heilende Hände für Tiere, Franckh-Kosmos Verlags GmbH & Co., Stuttgart 1999

Kraaz von Rohr, Ingrid: Farbtherapie, Nymphenburger in der F.A. Herbig Verlagsbuchhandlung GmbH, München 2003

Sharp, Harold: Auch Tiere überleben den Tod, Verlag „Die Silberschnur", Güllesheim 2000

Kössner, Christa: Mein Haustier spiegelt mich, Ennsthaler Verlag, Steyr 2002

Hühn, Susanne: Katzengeflüster, Schirner Verlag, Darmstadt 2005

Wallimann, Silvia: Mit Engeln beten, Verlag Hermann Bauer KG, Freiburg im Breisgau 1991

Rinpoche, Sogyal: Das Tibetische Buch vom Leben und vom Sterben, Frankfurt 2005

Thich Nhat Hanh: Das Glück, einen Baum zu umarmen, Wilhelm Goldmann Verlag, München 1995

Dahlke, Ruediger: Krankheit als Symbol, C. Bertelsmann Verlag GmbH, München 1996

Dahlke, Ruediger: Krankheit als Sprache der Seele, C. Bertelsmann Verlag GmbH, München 1992

Moody, Raymond A.: Leben nach dem Tod, Rowohlt Verlag GmbH, Reinbek bei Hamburg 1977

Jakoby, Bernard: Keine Seele geht verloren, Langen Müller in der F.A. Herbig Verlagsbuchhandlung GmbH, München 2003

Jakoby, Bernard: Die Brücke zum Licht, Langen Müller in der F.A. Herbig Verlagsbuchhandlung GmbH, München 2002

Jakoby, Bernard: Auch du lebst ewig, Rowohlt Taschenbuch Verlag, Hamburg 2004

Kübler-Ross, Elisabeth: Interviews mit Sterbenden, Kreuz Verlag, Stuttgart 1969

Kübler-Ross, Elisabeth: Über den Tod und das Leben danach, Verlag Die Silberschnur, Güllesheim 2004

Kübler-Ross, Elisabeth+ Kessler, David: Dem Leben neu vertrauen, Kreuz Verlag, München 2005

Dethlefsen, Thorwald: Das Leben nach dem Leben, C. Bertelsmann Verlag GmbH, München 1974/78

Dethlefsen, Thorwald: Das Erlebnis der Wiedergeburt, C. Bertelsmann Verlag GmbH, München 1976

Zeh, Katharina: Handbuch Ätherische Öle, Joy Verlag, Oy-Mittelberg 2007

Paul, Chris: Neue Wege in der Trauer- und Sterbebegleitung, Gütersloher Verlagshaus, Gütersloh 2004

Über mich .... Petra Kriegel

Ungewöhnlicherweise hat mich das Thema Tod schon als Kind fasziniert. Da ich aber sehr wenig darüber wusste, hat es mich gleichzeitig auch sehr geängstigt. Schon damals habe ich gespürt, dass dieses Thema sehr wichtig ist und man es auf Dauer nicht ignorieren kann. Ganz im Gegenteil. Meine Erfahrung in der Zwischenzeit hat mir sogar gezeigt, dass es sich umso mehr aufdrängt, je mehr man es vermeidet.

Frühe Kontakte mit dem Tod habe ich mit unseren ersten Haustieren, einigen Meerschweinchen, gemacht. Der Ablauf war so, wie er vermutlich in vielen Haushalten, wo Haustiere von und für Kinder gehalten werden, vonstatten geht. Irgendwann fehlt eines der Tiere, und die Mutter oder der Vater erzählten, dass das Tier jetzt im Himmel sei. Für mich, als Kind, war das Meerschweinchen einfach verschwunden, und ich wusste nicht, was mit ihm passiert war und wo es sich nun befand. Das „Nichtwissen" wurde durch Vermutungen ersetzt, die nicht zu meinem Seelenheil beitrugen.

Später, im Erwachsenenalter, kamen weitere Erfahrungen mit eigenen sterbenden Tieren dazu, die mich langsam aber sicher auf den Weg brachten. Zu Anfang meines mehr oder weniger bewussten Umgangs mit dem Tod stand ganz groß das Thema „Wie erspare ich meinem Tier Leid" im Raum. Mein erster Hund, ein Cockerspaniel namens Ricky, sollte auf gar keinen Fall leiden. Damals erkannte ich noch nicht, dass ich diejenige war, die nicht leiden wollte. Ich war es, die beim Sterben nicht zusehen wollte;

und so kam es, dass Ricky, aus heutiger Sicht und nach meinem heutigen Wissen, zu einem Zeitpunkt eingeschläfert wurde, als er dazu noch gar nicht bereit war. Es bedurfte auch mehrerer Spritzen, bis sein Tod festgestellt werden konnte. Zwei Jahrzehnte später konnte ich endlich seinen Tod bewusst verarbeiten und ihn um Verzeihung für mein Handeln bitten. Es war eine große Freude für mich, erkennen zu dürfen, dass alles bereits verziehen war.

Mein zweiter Hund, Camillo, kam bereits in den „Genuss" meines intensiven Bemühens, mehr über das Thema Sterben und Tod zu erfahren und das Sterben zu einem wichtigen, gelebten Prozess zu machen. Ich hatte einige Bücher von Elisabeth Kübler-Ross gelesen und wusste, wie wichtig es zum Beispiel ist, ein geliebtes Wesen im Sterbeprozess loszulassen. Allerdings war ich noch nicht so weit zu erkennen, wann der richtige Zeitpunkt gekommen ist, an dem ein Tier bereit ist zu sterben. Es gab nur mein Gefühl, welches mir sagte, dass der gesundheitliche Zustand von Camillo für mich nicht mehr erträglich war – und für ihn auch nicht, so redete ich mir zumindest ein. Aber selbst wenn dieser immens wichtige Punkt zu diesem Zeitpunkt noch keine Beachtung fand, so war dieser Tod doch schon sehr geprägt von bewusstem Loslassen, Verzeihen und dem Aufarbeiten von vermeintlicher Schuld auf beiden Seiten.

Camillos Krankengeschichte und sein Tod wurden für mich der Beginn einer neuen beruflichen Herausforderung. Mein Mann und ich hatten sehr darunter gelitten, dass ihm durch die gängige Medizin nicht dauerhaft geholfen werden konnte. Die verabreichten Medikamente verursachten viele Nebenwirkungen, und immer öfter hatte ich den Wunsch, Camillo alternativ-medizinisch behandeln zu lassen. Aber das war zu damaliger Zeit leider noch nicht gang und gäbe, wie das heutzutage der Fall ist. In unserer Umgebung fanden wir jedenfalls keine Möglichkeit;

und so beschloss ich, nach Camillos Tod, selbst eine Ausbildung zur Tierheilpraktikerin zu absolvieren. Später kam dann noch die Ausbildung zur Lebensenergieberaterin für Tiere und die Tierkommunikation hinzu; denn es erging mir wie vielen Menschen. Wenn man einmal anfängt, seinen ganz eigenen, vorbestimmten Weg zu gehen, so kann man ihn nicht mehr verlassen. Es ist vielmehr so, dass sich immer neue Türen öffnen und man sich unermüdlich weiterentwickelt, bis man endlich dort ist, wo man hingehört. Durch diese Ausbildungen bekam ich natürlich eine ganz neue Sichtweise über das Thema Sterben und Tod. Ich erkannte immer mehr, dass der Tod nichts Schreckliches oder Endgültiges ist, sondern ein Schritt von vielen Schritten, die wir gehen.

Dem Sterbeprozess zum ersten Mal bewusst ins Auge gesehen, habe ich beim Tod unserer Katze Zino, die im Alter von zehn Jahren gegangen ist. Sie wurde von einer schweren Lebererkrankung befallen, und es war nach einem anfänglichen Kampf um ihr Leben sehr schnell klar, dass sie ihr Heil im Sterben finden wollte. Zum ersten Mal war ich bewusst bereit, eines meiner Tiere ohne Sterbehilfe gehen zu lassen. Ich durfte sehr schnell erkennen, dass der Sterbeweg dem Lebensweg sehr ähnlich ist. Zino war immer eine ungewöhnliche Katze gewesen, launisch, man könnte sogar sagen etwas zickig, leicht hysterisch und von lebhaftem Temperament. Genauso gestaltete sich auch ihr Sterbeweg. Es gab Höhen und Tiefen, ruhige und unruhige Zeiten. Damit ich all meine Energie nur für Zino zur Verfügung haben konnte, ließ ich sie von einer mir gut bekannten Tierheilpraktikerin behandeln. Ich tat alles, um den Weg bewusst zu erleben und um Zino gut in die andere Dimension zu verhelfen. Trotzdem blieb, nachdem sie verstorben war, der Zweifel zurück, ob ich auch alles richtig gemacht hatte. Hätte ich sie nicht doch einschläfern lassen sollen? Hat sie gelitten? Zweifel über Zweifel nagten an mir; und trotzdem gab es da auch ein Gefühl von Frieden.

Jahre nach Zinos Tod hatte ich im Rahmen eines Seminars eine mediale Beratung und war mehr als überrascht, als mir in dieser Beratung Grüße von jemandem ausgerichtet wurden, der sich für seine Sterbebegleitung bedankte. Es waren, wie ich aufgrund der Beschreibung erkannte, Grüße von Zino. Endlich wusste ich, was ich schon immer gehofft und geahnt hatte – ich war auf dem richtigen Weg.

Seitdem ist viel Zeit vergangen, und viele Tiere durften ihren ganz eigenen, individuellen Sterbeweg finden und beschreiten. Diesen Weg gehen zu dürfen, ist nicht nur für jedes Tier, sondern auch für seinen Begleiter ein ganz besonderes Erlebnis und eine Bereicherung. Ich wünsche mir, dass immer mehr Menschen erkennen, dass auch ihr Tier diesen Weg gehen kann und gehen möchte.

Über mich .... Sabine Arndt

Nach reiflicher Überlegung komme ich zu dem Schluss, dass mich in erster Linie die Abschiede in diesem Leben in einem großen Maß geprägt haben.

Der erste war da der Tod unseres Meerschweinchens Daisy. Ich erinnere mich noch, dass sie plötzlich tot in ihrem Käfig lag und ich mich gefragt habe, ob sie ihren bevorstehenden Tod erahnte; denn als ich am Vortag ihres Todes nach ihr sah, war sie ganz anders als sonst. Dann war sie einfach tot und nicht mehr da. Ich war sehr traurig über ihren Verlust, war aber wohl noch zu klein, um darauf aufmerksam machen zu können, dass ich in dieser für mich doch schwierigen Situation Hilfe und Unterstützung oder auch einfach nur ein offenes Wort gut hätte gebrauchen können.

Beim zweiten Abschied, beim Tod meines Großvaters, an den ich mich noch sehr gut erinnere, war es ganz anders. Trotz des Schmerzes, den die Menschen, die zurückblieben, empfanden, konnte ich mir nicht vorstellen, dass mein Opa wirklich tot sein sollte. Mit „tot“ verband ich das Gefühl des Endes, des Nichts. Dieses Nichts konnte und wollte ich mir für ihn nicht vorstellen. Was ich wohl bei Daisy noch einfach so hingenommen hatte, konnte ich bei ihm nicht mehr zulassen. Ich lehnte den Gedanken ab, mir vorzustellen, dass dieser Mensch einfach tot war und damit rein gar nichts mehr von ihm übrig sein sollte. Ich empfand das alles als sehr mysteriös. Genauso mysteriös und unbegreiflich war für mich, dass ich mir die Unendlichkeit des Universums nicht vorstellen konnte. Wenn mir Erwachsene erzählten, dass das Universum unendlich groß sei, dann konnte ich das schon als Kind nicht wirklich verstehen, und ich muss zugeben – es gelingt mir heute immer noch nicht.

Ich hatte also die Tatsache zu verstehen, dass mein Opa tot und damit in dieser Welt anscheinend nicht mehr vorhanden war. So baute ich mir eine Brücke. Ich wusste, dass ihm zu Lebzeiten sein Garten sehr wichtig war. Er liebte Blumen, und dank seiner guten Pflege strahlte sein Garten im Sommer in einer wundervollen Farbenpracht, dass ich es selbst schon als kleines Kind wunderschön fand. Was er sich auch nicht nehmen ließ, war sein abendliches Glas Wein. Meine Brücke entwickelte sich so nach und nach zu einem Bild, das folgendermaßen aussah:

Mein Opa sitzt bei strahlendem Sonnenschein an einem kleinen Tisch in seinem Garten, inmitten seiner Blumen, mit einem Glas Wein in der Hand. Ich konnte fühlen, dass er glücklich war und es ihm gut ging. Dieses Bild strahlte für mich einen großen Frieden aus. So kam ich für mich über den „körperlichen Verlust" meines Großvaters besser hinweg. Als viele Jahre später meine Großmutter (seine Frau) starb, bekam sie ihren Platz neben ihm im Garten und schimpfte mit ihm – wie schon zu beider Lebzeiten – wegen des Weins, auf den er einfach nicht verzichten wollte.

Weitere Abschiede musste ich erleben und bestimmte Situationen durchstehen, um zu dem Schluss zu gelangen, dass es nach diesem Leben weitergehen musste und gar nicht anders sein konnte.

Später, als unsere Tochter noch recht klein war, ihr kleiner Bruder war noch nicht geboren, bekam sie häufig unerwarteten Besuch aus einer anderen Welt. Wenn wir sie dann in ihrem Zimmer reden hörten, wussten wir, dass der unsichtbare Freund – manchmal kamen sie auch zu zweit – wieder da war. So sehr wir uns auch bemühten, sie selbst zu „sehen", es gelang uns leider nicht. Selbst wenn wir fragten, wo er denn nun gerade sei, ernteten wir nur einen verständnislosen Blick. Sie deutete dann an eine Stelle im Zimmer und meinte: „Na dahaaa!“

Obwohl wir es stets als völlig normal angesehen hatten, dass sie für uns unsichtbare Freunde besaß, endete diese Phase, als sie zur Schule ging.

Als unser Sohn im Kleinkindalter häufig krank war, weil er allergisch auf Hausstaub reagierte und die Schulmedizin uns leider nicht einmal einen Strohhalm reichen konnte, haben wir die Klassische Homöopathie kennengelernt. Dank der Homöopathin, die ihn behandelte, ist unser Sohn heute gesund und frei von Allergien, auch wenn dies aus schulmedizinischer Sichtweise angeblich überhaupt nicht möglich sein kann. Als er allergiefrei war, haben wir uns mit einem neuen Familienmitglied, unserer Mischlingshündin Sandy, „belohnt“. Mit ihr ging der Weg dann relativ schnell in Richtung alternativer Medizin, da sie eine Krankheit bekam, mit der die Schulmedizin in unseren Augen recht schnell an ihre Grenzen gelangte.

Auf der Suche nach Alternativen begann ich meine Ausbildung zur Tierheilpraktikerin. Diese Arbeit ist eine sehr intensive, und es ist ein wunderbares Geschenk, wenn es gelingt, Tiere so zu unterstützen, dass sie aus sich selbst heraus heil werden.

Trotzdem gelangte ich auch mit dieser Arbeit nach einigen Jahren an Grenzen.

Um mich weiterzuentwickeln, habe ich eine weitere Ausbildung, nämlich die zur Lebensenergieberaterin für Tiere, absolviert.

Hier öffnet sich ein Bereich, der ungeahnte Möglichkeiten bietet; nämlich ein Tier auf allen Ebenen seines Seins zu unterstützen. Körper, Geist und Seele werden gleichermaßen ernst genommen und finden volle Beachtung.

Ein weiterer wichtiger persönlicher Entwicklungsschritt war die Begegnung mit der Tierkommunikation. Seit ich sie dank wundervoller Lehrerinnen selbst erlernen und meine Arbeit damit ergänzen durfte, erreicht diese Arbeit mit den Tieren eine ganz andere, viel tiefere Qualität. Es ist so wunderbar zu erfahren, was unsere Tiere uns alles zu berichten haben. Sie sind so viel klüger und weiser als wir und stehen – wenn wir an eine Hierarchie glauben – tatsächlich mindestens eine Stufe höher als die Gattung Mensch.

Mir ist klar, dass neben den ersten Abschieden im Leben es die Tiere waren, die mir ermöglicht haben, tiefer zu blicken. Sie sind für mich die wahren Lehrer, denn dank ihrer habe ich den Zugang zu Themen des Lebens gefunden, die mir ohne sie sicher verborgen geblieben wären.

Eines dieser großen Themen ist gewiss das Sterben und der Tod. Durch die Arbeit mit diesem Thema habe ich gelernt, wie wichtig der Sterbeprozess als guter Abschluss eines jeden Lebens ist. Wem sein Tier die Gelegenheit bietet, es im Sterben liebevoll zu begleiten und an seiner Seite zu sein, sollte sich dieser Aufgabe annehmen. Unser Leben kann durch diese Begleitung auch im Sterben immens bereichert werden.

Nachdem ich das Sterben und den Tod meiner Mutter miterlebt habe, weiß ich sehr wohl, dass gerade der Tod das vielleicht intensivste und schwerste Thema darstellt, mit dem wir uns in unserer Existenz auseinanderzusetzen haben. Meine Mutter hat ihren bevorstehenden Tod sicherlich gespürt, konnte jedoch darüber nicht offen sprechen. In dieser Situation – in der offene Worte allen Beteiligten bestimmt geholfen hätten – habe ich erlebt, wie schon Gedanken eine unerwartete und nicht für möglich gehaltene Reaktionen auslösten. Auch durch diesen Abschied konnte ich lernen, dass jeder das Leben lebt, das er leben muss, und auch den Tod stirbt, den er sterben muss. In dieser schwierigen Phase habe ich erfahren, dass die Gefühlswelt in einen Zustand gerät, der für mein Empfinden mit keiner anderen Situation zu vergleichen ist. Gerade auch darum finde ich es so wichtig, sich mit Tod und Sterben zu beschäftigen, um dann, wenn der Tod in Erscheinung tritt, nicht völlig unvorbereitet überrascht zu werden. Nehmen wir die Gelegenheit wahr, uns mit einem Thema zu beschäftigen, für das es keine Regeln gibt. Jeder empfindet hier auf seine ganz eigene, individuelle Weise; und obwohl es ein sehr schwieriges Thema ist, das das Herz berührt, kann man trotzdem nur gewinnen.

Wenn es dann wirklich darum geht, ein Tier auf seinem letzten Lebensabschnitt zu begleiten, kann es nur mehr als hilfreich sein, wenn man sich sein eigenes Bild geschaffen hat. Denn in dieser Situation ist es sehr wichtig zu wissen, was Sterbebegleitung meint, und auch zu wissen, wie man sich selbst helfen kann.

Durch Tiere durfte ich erfahren, dass Seelen unsterblich sind. Diese Gewissheit gibt dem jetzigen Dasein eine neue Dimension. Für mich persönlich ist es unwahrscheinlich, dass es nach diesem Leben kein *Danach* gibt. Denn nach meiner Ansicht wird jedem Lebewesen erst dadurch die Möglichkeit zu wahrer Entwicklung und Entfaltung geboten.

Stefano Apuzzo / Monica D´Ambrosio
Auch Tiere haben Seelen
Taschenbuch, 286 Seiten
ISBN 978-3-89427-470-2
Sind unsere vierbeinigen Freunde unsterblich und sehen wir sie im Jenseits wieder? Die Autoren dokumentieren anhand einer Fülle von faszinierenden Beiträgen die geistigen Wirkkräfte in den Seelen der Tiere und ihre Bedeutung für den Menschen. Vor allem aber zeigen sie die Aufgaben des Menschen in der Betreuung jener kleinen Mitgeschöpfe auf, die ihm vom Göttlichen Plan in die Obhut gegeben worden sind. Besonders berührend in diesem bewegenden Werk sind die viele Erfahrungsberichte über die Tiere im Jenseits.

Bill Schul
PSI bei Tieren
Die unglaublichen Fähigkeiten in der Tierwelt
ISBN 978-3-89427-597-6
Paperback, 240 Seiten
Jeder, der schon einmal ein Haustier hatte, dürfte sich darüber gewundert haben, dass sein Hund oder seine Katze bestimmte Geschehnisse geradezu vorausgeahnt zu haben schien. Haben Tiere einen „Sechsten Sinn“? Die Antwort dieses Buches lautet ganz unmissverständlich: „Das haben sie tatsächlich!“Bill Schul hat in diesem Werk die unglaublichsten Berichte über die paranormalen Fähigkeiten der Tiere zusammengetragen. Im Tierreich gibt es offensichtlich Fähigkeiten, die weit über jenen der Menschen liegen. Tiere verfügen über Hellsichtigkeit, über ein Wahrnehmungsvermögen, das Zeit und Raum übersteigt und über eine phänomenale Gabe der Vorahnung. Alle diese Begabungen und noch weitere seelische Kräfte dokumentiert dieses aufrüttelnde Buch. Tiere sind unendlich viel begabter, als die meisten Menschen annehmen. Nach der Lektüre dieses Buches wird dieses Defizit behoben sein!

AUCH TIERE HABEN SEELEN

WENN TIERE IHRE MENSCHEN SPIEGELN

Gisa Genneper/Rolf Kamphausen
Wenn Tiere ihre Menschen spiegeln
Wie Haustiere unsere Probleme übernehmen
ISBN 978-3-89427-557-0
Paperback

Rolf Kamphausen ist verblüfft über eine scheinbar seltsame Parallelität zwischen den Krankheiten von Tieren und ihren Besitzern, bis er eines Tages die Gesetzmäßigkeit erkennt, dass Tiere ihre Herrchen und Frauchen spiegeln!
Nachdem er den Schlüssel zum Verständnis der geheimnisvollen Verbindung zwischen Mensch und Tier gefunden hat, erschließen sich ihm Schritt für Schritt die Spiegelgesetze im Krankheitsverhalten der beiden. Er entdeckt die Geheimnisse der „Organsprache" und vermag so den Tierhaltern eigene Problemfelder aufzuzeigen, die diesen noch nicht einmal aufgefallen waren.
Ein weiterer Meilenstein zum Verständnis des Tierreiches und seiner schicksalhaften Verbindung mit der Welt der Menschen!

Sabine Arndt & Petra Kriegel
Tierseelen
Paperback, 180 Seiten,
ISBN 978-3-89427-523-5
Wie man bewusst und liebevoll mit Tieren zusammenleben kann

Ein berührendes Tierbuch, das die Welt aus der Sicht eines kleinen gehörlosen Hundes schildert, der sich mutig auf die Abenteuerreise durch das Leben begibt!

Die wunderbaren Abenteuer von Visi, der für sich herauszufinden versucht, was „Himmel“ bedeutet!
Visi ist ein bezaubernder kleiner Australian Shepherd, der auf die Welt kommt – und gehörlos ist. Da ein gehörloser Hund für einen Profit-Züchter wertlos ist, beschließt man, ihn „wieder in den Himmel zurück zu schicken“. Für den wundervollen kleinen Vierbeiner ist es daher von entscheidender Bedeutung, zu verstehen, was „Himmel“ meint.
Da Visi glücklicherweise von einer liebevollen jungen Frau gerettet wird, lernt er den Tierhimmel noch nicht kennen, sondern muss auf Erden herausfinden, was es damit auf sich hat! Aber das erweist sich als gar nicht so einfach.
Dieses herzerwärmende, anrührende Buch schildert Visis Abenteuerreise durch das Leben, die ihn auf zwei Kontinente führt, zu zwei verschiedenen Frauchen, die er seine „Old Mom“ und seine „New Mom“ nennt, und die ihn natürlich auch immer wieder neue Hundebekanntschaften schließen lässt.
Eine entzückende Geschichte, die alt und jung begeistern wird, die Trost, Mut und Hoffnung schenkt und in trüben Tagen ein belebendes Licht auch in schwierigen Stunden sein kann!

Visi Newton
Was ist Himmel?
Hardcover, 144 Seiten,
ISBN 978-3-89427-813-7